수치심
잃은사회

사회를 지탱하는
도덕의 붕괴와
공동체의 해체

수치심
잃은 사회

이철우 지음

프롤로그

수치심 없는 사회의 초상

1905년 11월 30일, 조선의 한 신하는 목욕재계 후 흰 도포를 입고 비장한 유서를 썼다. 그리고 스스로 목숨을 끊었다. 나라가 일본에 의해 강탈당하는 절망적인 상황 앞에서, 그는 더 이상 이 나라의 신하로 살아갈 수 없다고 판단한 것이다.

나라를 잃은 슬픔과 이를 막지 못한 자신의 무능함에 사무친 그는 "나라를 팔아넘긴 자들과 함께 숨 쉬는 것 자체가 수치스럽다"고 유서에 남겼다. 그의 이름은 민영환閔泳煥(1861~1905). 조선 말기의 개화파 정치가이자 충신이었다. 고종의 깊은 신임을 받았으며, 명성황후와도 먼 친척 관계가 되는 당대의 엘리트로서 대한제국의 독립과 자주성을 지키기 위해 헌신했다.

1904년 한일의정서, 1905년 을사늑약 체결로 일본이 조선을 사실상 지배하게 되자, 많은 애국지사들은 격분하며 절망에 빠졌다. 민영환 역시 무너져가는 조국의 현실에 깊은 좌절감을 느꼈다. 그는 유서에 "한 번 죽음으로써 황은에 보답하고, 2천만 동포 형제에게 사죄한다"라고 비통함을 밝혔다.

　그의 죽음은 단순한 절망이 아닌, 책임을 통감하는 행동이었다. 또한 "무릇 살기를 바라는 자는 반드시 죽고, 죽음을 기약하는 자는 살 것이다"라며 현실에 안주하지 말고 적극적으로 저항할 것을 강력하게 촉구했다. 민영환의 죽음은 동시대 정치인과 국민에게 큰 충격을 주었고, 이후 여러 관료와 인사들이 그의 뒤를 이어 나라를 잃은 슬픔과 책임을 통감하며 스스로 목숨을 끊는 비극적인 항거가 이어졌다. 전 좌의정 조병세, 전 대사헌 송병선, 전 참판 홍만식, 학부주사 이상철, 군인 김봉학 등이 그 뒤를 따랐다.

　민영환의 자결은 국가적 위기 앞에서 책임과 희생, 저항의 의미를 되새기게 한 상징이었다. 그의 죽음은 단지 조약 반대의 상징만이 아니었다. 그것은 나라를 지키지 못한 것에 대한 사무치는 부끄러움, 자신이 지녔던 권위와 지위에 대한 무거운 책임감에서 비롯된 한 신하가 보여줄 수 있는 가장 처절하고도 숭고한 도덕적 선택이었다. 그 수치심은 고통을 넘어 자결이라는 극단적인 행동을 감행하게 한 강력한 동력이 되었던 것이다.

민영환은 국가의 운명 앞에서 깊은 부끄러움을 느꼈고, 자신의 책임을 회피하지 않고 감당하려 했다. 그렇다면 오늘날, 우리는 그와 같은 부끄러움을 마지막으로 언제 느꼈을까? 아니, 우리 사회는 여전히 '수치심'이라는 감정을 기억하고 있을까?

"국가가 없어진 마당에 신하 된 자로서 어찌 감히 목숨을 부지하리오."

민영환이 남긴 이 말은 오늘날의 우리에게는 너무나도 낯설다. 아니, 어쩌면 너무나 순결하고 비현실적으로 들릴지도 모른다. 이제는 잘못을 저지르고도 당당한 얼굴로 TV 카메라 앞에 서는 사람들이, 법정에서도 눈 하나 깜짝하지 않고 거짓말을 하는 사람들이 너무나 많기 때문이다.

결코 있어서는 안 될 일이지만, 만일 외세에 의해 국권이 찬탈되는 사태가 또다시 일어난다면 그때처럼 스스로 목숨을 끊는 인사들이 줄을 이을까? 안타깝게도 결코 그렇지 않으리라 본다. 민초는 모르겠지만, 적어도 수치심을 잃어버린 지 오래된 정치인과 관료 집단에서는 스스로 목숨을 끊는 사람을 찾아보기 어려울 것이다. 그들에게 공적 책임을 다하지 못한 데서 오는 수치심은 이미 희미해졌기 때문이다. 그렇다 보니 잘못을 저질러도 책임을 지려 하지 않고, 심지어 나라를 빼앗기는 상황에서도 남 탓만 하며 책임을 회피할 가능성이 크다. 공무원 사회 일각에서는 자신들을 '영혼 없는 존재'라고 폄하하는 변명으로 책임을 회피하는 모습까지 보일 것이다.

부끄러움을 잃은 우리 사회에 가장 필요한 것은 바로 염치廉恥, 즉 부끄러움을 아는 마음일 것이다. 국어 시간에 배우는 '관포지교管鮑之交'의 주인공인 관중이 지었다는 《관자管子》의 〈목민편牧民篇〉에는 "예의염치 시위사유禮義廉恥 是謂四維"라는 중요한 가르침이 담겨 있다. 이는 '예절, 의로움, 청렴함, 그리고 부끄러움을 아는 마음. 이 네 가지를 사회를 지탱하는 네 개의 기둥이라고 한다'라는 뜻이다. 《관자》는 이 네 가지 기둥 중 하나가 무너지면 나라가 기울고, 둘이 무너지면 위태로워지며, 셋이 무너지면 뒤집히고, 모두 무너지면 마침내 파멸을 맞이할 것이라고 경고한다. 우리 사회가 이 네 가지 중요한 가치 중 몇 개를 잃었는지는 명확히 단정하기 어렵다. 하지만 적어도 염치라는 두 개의 기둥이 흔들리고 있다는 사실은 부정하기 어려울 것이다. 관자의 가르침에 비추어 볼 때, 우리나라는 이미 위태로운 상황에 놓여 있는지도 모른다.

관자의 이 가르침은 예의염치가 일반 백성뿐만 아니라 특히 나라를 이끄는 지도층, 즉 대통령을 비롯한 관료와 정치인들에게 얼마나 중요한 덕목인지를 강조하는 것이다. 그들이 예의염치를 갖추고 국정을 운영해야만 나라가 제대로 기능할 수 있다는 의미이다. 이러한 전통은 조선시대에도 이어져, 예의염치는 정치인과 벼슬아치들에게 필수적인 소양으로 여겨졌다.

대한민국에서도 이러한 전통은 이어졌다. 과거에는 잘못된 행동으로 사회적 물의를 일으키면 실상이 어떻든 우선 대중 앞에 고개를 숙이고 사죄하며, 책임을 지고 자리에서 물러나는 것이 당연한 불문율이었다. 하지만 어느 순간부터 이 당연한 원칙이 무너져 내렸다. 법을 어기고 사회에 심각한 물의를 일으키고도, 자신들의 잘못을 인정하고 반성하기는커녕 검찰의 조작이나 음모라고 뻔뻔하게 강변하는 일이 비일비재하다.

이 책에서는 잊혀져 가는 그 감정, 어쩌면 이미 우리 사회에서 사라져 버렸는지도 모르는 '수치심'에 대해 이야기하려 한다. 수치심은 단순한 개인적인 감정이 아니다. 그것은 공동체의 건강한 눈, 타인의 정직한 시선, 그리고 우리 내면에 깊이 새겨진 도덕적 기준과 긴밀하게 연결되어 있다. 수치심이 사라졌다는 것은 단순한 감정 하나의 상실이 아니다. 그것은 사회를 지탱하는 도덕적 기준의 붕괴이며, 건강한 공동체의 해체를 의미한다. 이 책은 우리가 잃어버린 이 소중한 감정 하나를 되찾는 노력이, 곧 무너져 가는 우리 사회의 뼈대를 다시 굳건하게 세우는 가장 중요한 첫걸음임을 강조하고자 한다.

2025년
이철우

차례

프롤로그 | 수치심 없는 사회의 초상 •4

1장. 수치심이란 무엇인가

시선이 없으면 수치심도 없다 •16
수치심은 보편 감정이다 •22
수치심은 강력한 사회적 통제 장치다 •27
수치심은 하나의 감정이 아니다 •31
수치심과 죄책감 – 시선과 양심의 교차점 •38

2장. 수치심이 없는 풍경들

뻔뻔함이 미덕이 된 사회 •44
갑질의 끝, 죽음으로 내몰린 교사들 •50
침묵의 고속도로 – 양평고속도로 변경 미수 사건 •55
새만금 잼버리 – 국가의 무능이 드러난 순간 •61
'50억 클럽' – 법조 권력의 부패와 수치심 실종 •66

3장. 수치심은 어떻게 붕괴되었나

권력과 수치심의 이혼 •72

이명박 정권 – 통치의 효율 앞에 사라진 수치심 •75

문재인 정권 – 선한 얼굴 뒤에 숨은 위선과 내로남불 •80

윤석열 정권 – 수치심의 총체적 붕괴 •85

수치심 이후, 우리는 어디로 가야 하는가 •96

4장. 수치심은 왜 무너졌는가 - 진영논리라는 구조적 병리

진영논리, 수치심을 마비시키다 •102

진영논리는 본능인가 – 최소 조건 실험 •109

진영논리의 허구 – 진보와 보수의 실상 •115

진보와 보수, 잘못된 이분법 •119

5장. 수치심을 사라지게 한 부수적 요인들

물질 우선주의와 성공 지상주의 •128

왜 나만 갖고 그래? – 허위 일치 효과 •132

나르시시스트의 급증과 수치심의 실종 •136

현실을 직시하지 않는 정부, 나르시시스트 정권 •141

6장. 우리들을 부끄럽게 만든 법조계

법복 뒤에 숨은 권력 – 판사들의 몰염치 •148

부끄러움을 잃은 권력 – 검찰 •153

정의의 파수꾼은 어디에 – 변호사 사회의 이중성 •158

법조인들은 왜 수치심을 잃었는가 •163

AI 판사 시대는 가능한가 •167

7장. 사회 도처의 몰염치

정치권의 몰염치 •174

선관위는 가족회사다 – 공무원 사회의 채용 비리 •180

언론과 지식인의 몰염치 •184

주식시장의 몰염치 – 유상증자 •187

일상 속의 몰염치 •191

플랫폼 권력과 감정의 착취 – 디지털 공간의 몰염치 •196

젠더 갈등과 피해자 되기 경쟁 – 수치심의 전복 •202

신의 이름으로 저지르는 몰염치 – 종교계의 타락 •206

8장. 디지털 시대의 몰염치

유튜브 알고리즘과 조회수의 윤리 •214
인플루언서의 도덕 불감증 •220
사이버 폭력, 책임 없는 가해 •227
디지털 공간은 수치심을 되살릴 수 있는가 •233

9장. 다시 수치심을 생각한다

수치심은 인간다움의 최후의 보루 •240
몰염치는 어떻게 우리를 무너뜨렸는가 •243
부끄러움을 회복하는 작은 방법들 •248
우리 모두가 '시선'이 되어야 한다 •253
다시 수치심을 말하다 •257

프롤로그 | 잃어버린 부끄러움을 다시 묻는다 •262

1장
수치심이란 무엇인가

시선이 없으면
수치심도 없다

　우리는 살아가면서 기쁨, 슬픔, 분노, 두려움 등 다채로운 감정을 경험한다. 그 가운데에서 말로 쉽게 표현하기 어려운 감정이 하나 있는데, 바로 수치심이다. 수치심은 때로는 우리를 도덕적인 방향으로 이끌기도 하지만, 때로는 자기파괴적인 결과를 낳기도 하는 양면적인 감정이다. 이처럼 모호하고 복합적인 성격 때문에 수치심은 오랫동안 철학과 심리학 분야에서 깊이 있는 탐구의 대상이 되어 왔다.
　수치심은 단순히 다른 사람 때문에 느끼는 감정이 아니라 타인의 시선에 비친 스스로의 부끄러운 모습 때문에 발생하는 불안한 감정이다. 다시 말해, 타인의 시선이 없다면 수치심은 존재할 수 없다.

여기서 언급되는 '시선'은 반드시 물리적인 눈빛만을 의미하지 않는다. 실제로 누군가가 나를 지켜보고 있지 않더라도 '혹시 보고 있을지도 모른다'는 상상 속의 시선만으로도 충분히 수치심이 느껴질 수 있다. 수치심을 느끼는 순간, 우리 내면에는 '나를 바라보는 또 다른 나', 즉 '상상된 타인'이 등장한다. 이는 인간만이 가진 특별한 이중적인 구조라고 할 수 있다. 바로 이때, 우리는 비로소 "내 안에 또 다른 내가 있다"는 말을 실감하게 된다.

수치심은 단순히 혼나는 경험에서 비롯되는 감정이 아니다. 자신이 기대했던 이상적인 모습과 실제 드러난 자신의 모습 사이의 괴리를 외부의 시선을 통해 뼈저리게 느낄 때 발생한다. 물론 타인의 시선을 느꼈다고 해서 모든 사람이 수치심을 느끼는 것은 아니다. 선천적으로 타인의 시선에 무덤덤한 사람들도 존재한다. 자기애적인 성향이나 반사회적인 성향을 가진 사람들은 수치심보다는 불편함이나 손해를 더 크게 염려한다. 이들은 흔히 '부끄러움을 모른다'는 말을 몸소 보여준다. 이는 단순한 성격적인 문제가 아니라, 타인과의 건강한 관계 형성이 부족한 정신적인 구조를 반영하는 것일 수도 있다.

반대로 숨길 것이 없는 사람이라면 수치심을 느낄 필요가 없을 것이다. 감출 것이 없다면 부끄러울 일도 없는 것이 당연하다. 하지만 대부분의 사람들은 마음 한구석에 감추고 싶은 부분을 가지고 있다. 그렇기 때문에 누구든 수치심을 느낄 가능성을 안고 살아간다. 인간은 자신의 약점이나 부도덕한 행동이 외부로 드러날 때 수치심을 경험하게 된다.

수치심은 이처럼 '드러남露로,노정'과 매우 밀접하게 연관되어 있다. 실패, 거짓말, 욕망, 은밀한 사생활 등 숨기고 싶었던 과거의 일이나 행동이 외부에 알려지는 순간, 사람들은 저마다의 방식으로 수치심을 느낀다. 그 강도는 개인마다 다를 수 있지만, 부끄러움을 완전히 피할 수 있는 사람은 없다.

그러나 놀랍게도 어떤 사람들은 수치심을 거의 느끼지 않는 것처럼 보인다. 예를 들어, 우리 사회의 일부 정치인들처럼 "그런 일은 없었다", "그건 내가 아니다"라며 능글맞게 부인하거나, 심지어 "그게 뭐 어때서?"라는 식의 뻔뻔한 태도를 보이기도 한다. 반면, 자신의 잘못을 솔직히 인정하고 그로 인한 불이익을 감수하면서까지 부끄러움을 표현하는 사람들도 있다. 극단적인 경우에는 양심의 가책을 견디지 못하고 스스로 목숨을 끊는 안타까운 선택을 하는 이들도 있다.

수치심은 모든 사람에게 똑같이 작용하지 않는다. 개인의 성격, 성장 환경, 문화적 배경, 사회적 지위 등 다양한 요인에 따라 작은 일에도 깊은 수치심을 느끼는 사람이 있는가 하면, 큰 잘못을 저지르고도 전혀 개의치 않는 사람들도 있다. 특히 타인의 시선을 중요하게 생각하는 사람일수록 수치심에 더 민감하게 반응하는 경향이 있다.

이와 밀접한 관련이 있는 심리학적 개념이 바로 '자기의식'이다. 자기의식은 스스로에게 주의를 기울이는 정도를 의미하며, 크게 공적 자기의식과 사적 자기의식으로 나눌 수 있다. 공적 자기의식이 높은 사람은 자신의 외모나 행동과 같이 외부적으로 드러나는 측면에 민감하다. 이들은 타인의 반응에 많은 신경을 쓰며, 외부의 시선을 중요한 판단 기준으로 삼는다.

반면에 사적 자기의식이 높은 사람은 자신의 생각, 동기, 신념 등 내적인 측면에 더 집중하며, 외부의 시선보다는 자신의 기준에 따라 행동하는 경향이 강하다. 이러한 관점에서 윤석열 전 대통령의 행동을 이해해 볼 수 있다. 그는 사적 자기의식이 높은 인물로 보인다. 어떤 잘못을 저질러도 부끄러워하는 모습이 잘 드러나지 않았고, 진솔한 사과 또한 찾아보기 어려웠다. 그는 외부의 시선을 의식하기보다는 자신의 내적인 확신이나 이미 형성된 판단을 더 중요하게 여겼던 것으로 보인다. 국민들이 그의 행동을 뻔뻔하다고 느꼈던 이유는 그의 사고방식이 외부와의 소통 없이 독자적으로 작동했기 때문일 수 있다. 여기서 중요한 질문이 제기된다.

'도대체 누구의 시선인가?'

시선의 주체는 수치심의 강도에 결정적인 영향을 미친다. 무시해도 되는 사람, 중요하지 않다고 여겨지는 사람들의 시선은 가볍게 여겨지기 마련이다. 아무리 수줍음이 많은 새색시라도, 서너 살짜리 어린아이들 앞에서 방귀를 뀌었다고 심각한 수치심에 빠지지는 않을 것이다. 약간의 민망함은 느낄 수 있을지라도 말이다.

정치인과 관료들이 국민 앞에서 진정한 수치심을 느끼지 못하는 것 또한 이와 무관하지 않다. 그들은 국민을 "서너 살 아이보다 못한 '개돼지'"로 여기는 듯한 태도를 보일 때가 있다. 자신보다 열등하거나 중요하지 않다고 생각하는 존재의 시선 앞에서, 굳이 수치심을 느낄 필요를 느끼지 않는 것이다.

수치심은 이처럼 시선의 질에 따라 다르게 작동한다. 높은 도덕적 감수성을 가진 집단의 시선을 자신의 기준으로 삼는 사람은, 그렇지 않은 사람보다 훨씬 더 깊은 수치심을 느낄 수밖에 없다.

폐쇄적인 집단일수록 그들만의 독특한 수치 기준을 형성한다. 때로는 이러한 기준이 외부인의 시각에서는 비합리적이고 이상하게 보일 수도 있다. 예를 들어, 과거 일본 여고생들 사이에서 '루스삭스loose socks'라는 패션 아이템이 유행했던 적이 있다. 무릎까지 오는 양말을 헐렁하게 흘러내리게 신는 스타일이었는데, 당시 기성세대들은 이를 학생답지 못한 철없는 행동이라며 부정적으로 평가했다. '여고생은 단정해야 한다'라는 고정관념 속에서 이 스타일은 '수치심 없는 복장'으로 여겨졌다. 하지만 정작 여고생들에게 중요했던 시선은 기성세대가 아닌 또래 여학생들의 시선이었다. 루스삭스는 오히려 그들 사이에서 자신들의 정체성과 소속감을 드러내는 중요한 상징이 되었고, 빠르게 확산되었다.

이처럼 각 집단은 자신들만의 수치심 기준을 만들어낸다. 외부인이 보기에는 이해하기 어려울지라도, 그 집단 내부에서는 그것이 중요한 기준으로 작용하는 것이다. 우리 사회 곳곳에도 이와 같은 다양한 형태의 집단들이 존재하고 있다.

수치심은
보편 감정이다

루스 베네딕트는 명저 《국화와 칼》에서 일본을 '수치심의 문화 shame culture'로, 서양을 '죄의 문화 guilt culture'로 대비했다. 그녀의 분석에 따르면 서양인은 내면의 도덕률, 즉 '죄를 짓지 않는 것'을 행동 판단의 주요 기준으로 삼는 반면, 일본인은 타인의 시선을 의식하며 부끄럽지 않게 살아가는 것을 도덕의 핵심으로 여겼다. 이처럼 도덕적 판단 기준이 개인의 내면에 있는지, 외부의 평가에 있는지에 따라 사회 규범이 달라진다는 흥미로운 주장이었다.

개항기 일본을 처음 접한 서구인들은 일본인들의 태도에 깊은 인상을 받았다. 일본인의 특이한 행태에 적지 않은 충격을 받았던 것이다. 사소한 모욕에도 사무라이가 즉각 할복하거나 상대를 베어버리는 극단적인 행동은 그들에게는 이해하기 어려운 문화적 충격으로 다가왔다.

특히 메이지 유신을 전후한 일본의 사무라이들은 '명예'를 절대적인 가치로 삼았다. 명예를 잃는다는 것은 곧 존재의 가치를 잃는 것이며, 목숨을 잃는 것보다도 더한 것이었다. 역사 소설가 시바 료타로는 당시 무사들을 "어떻게 멋지게 죽을 것인가를 고민하던 사람들"이라고 묘사했을 정도이다. 그들은 수치심을 극도로 경계했으며, 타인의 조롱이나 모욕은 결코 용납할 수 없는 일이었다.

책 《무사도란 무엇인가》에는 이러한 문화적 정서를 보여주는 생생한 일화가 소개된다. 저자 니토베 이나조는 한 사무라이가 등에 벼룩이 붙어 있다는 말을 들은 뒤 격노하여 말을 건 사람을 참살한 사건을 전한다. 그 이유는 단순했다. 벼룩은 짐승에 기생하는 것이고, 등 뒤에 벼룩이 있다는 말을 들었다는 것은 자신을 짐승 취급한 모욕이라는 것이다. 사소한 지적조차 참을 수 없는 모욕으로 받아들인 것이다.

흥미로운 점은 이러한 극단적인 행동이 당시 사회적으로 비난받지 않았다는 것이다. 사무라이 계급은 '키리수테 고멘切捨御免'이라는 특별한 권한을 누렸는데, 이는 무례한 평민을 베어도 처벌받지 않는다는 내용이었다. 사무라이에게는 길거리에서 무례하다고 판단되는 상대를 즉결 처분할 수 있는 합법적인 권리가 존재했던 셈이다.

이런 사무라이의 강렬한 명예 의식은 전쟁터에서도 두드러졌다. 막부 타도에 앞장섰던 다카스기 신사쿠의 기병대는 대부분 평민 출신의 자원병으로 구성된 부대였다. 이들은 무진 전쟁에서 기대 이상의 전과를 올렸다. 일부 사무라이들은 평민과 싸우기를 꺼렸다. 단순히 그들을 하찮게 여겨서가 아니었다. 전장에서 '평민의 칼에 목이 베이는 일'은 사무라이에게는 상상할 수 없는 굴욕이었기 때문이다. 명예는 생명보다 중했고, 수치는 생존보다 더 두려운 일이었다. 그들에게 명예는 생명보다 귀했고, 수치는 죽음보다 더 두려운 것이었다. 이처럼 일본의 사무라이 문화는 수치심을 강력한 사회 통제 기제로 활용했으며, 베네딕트의 주장처럼 일본 사회 전체가 '수치심의 문화'로 작동했음을 시사한다. 그렇다면, 수치심은 동양만의 정서일까?

베네딕트의 문화 분류는 문화 비교학의 중요한 이론적 틀이 되었으며, 이후 많은 학자들이 이 구분을 지지하거나 비판하며 논의를 발전시켜 왔다. 특히 서구 사회에서는 수치심을 동양 문화권의 특유한 감정으로 여겼고, 서양인들은 주로 죄책감을 중심으로 도덕성을 이해한다고 생각하는 경향이 있었다.

그러나 시간이 흐르면서 이러한 이분법적 구분은 지나치게 단순하며, 실제와는 다른 측면이 많다는 지적이 제기되었다. 무엇보다 중요한 발견은 '수치심'이 특정 문화권에 국한된 감정이 아니라, 인류 전체가 공유하는 보편적인 감정이라는 사실이 과학적 연구를 통해 밝혀지기 시작했다는 점이다.

비교행동학자 아이블 아이베스펠트Eibl-Eibesfeldt는 첨단 고속 카메라를 이용하여 전 세계 다양한 문화권의 사회적 행동 양상을 세밀하게 기록했다. 아프리카 부시맨부터 남태평양 섬 주민, 북미 인디언, 유럽 농촌 지역 주민에 이르기까지 폭넓은 문화권의 사람들을 대상으로 실험을 진행했다. 그는 각 지역의 여성들에게 "당신 참 아름다우시네요" 또는 "혹시 애인이 있으신가요?"와 같은 질문을 던지고, 그들의 반응을 촬영했다. 놀랍게도 문화적 배경이 전혀 다른 피실험자들 모두에게서 유사한 반응이 관찰되었다. 미소를 짓고, 시선을 회피하며, 고개를 숙이거나 손으로 얼굴을 가리는 행동을 공통적으로 보인 것이다. 그리고 잠시 후, 슬쩍 상대를 다시 쳐다보는 시선 또한 동일하게 나타났다.

이러한 일련의 행동은 바로 '부끄러움'이라는 감정의 비언어적 표현이다. 이는 수줍음이나 수치심이 문화마다 다르게 해석되고 표현되는 것이 아니라, 기본적인 표현 방식과 정서 구조가 인간 공통의 생리적 반응으로 뿌리내리고 있음을 시사한다. 이후 진행된 다양한 심리학 연구, 뇌과학 실험, 그리고 아동 발달 연구 역시 수치심이 보편적인 인간 감정임을 거듭 확인시켜 주고 있다. 어린

아이들조차 수치심을 경험하며, 사회적 상호작용 속에서 이 감정은 중요한 역할을 수행한다.

　결론적으로, 수치심은 결코 일본이나 동양 사회만의 고유한 감정이 아니다. 수치심은 인간이 타인과의 관계 속에서 사회적 존재로 살아가기 위해 자연스럽게 진화시킨 보편적인 감정이다. 각 문화권마다 수치심을 인식하고 다루는 방식에는 차이가 있을 수 있지만, 그 근본적인 뿌리는 인류 전체가 공유하는 깊은 정서적 본능에 닿아 있다.

수치심은 강력한
사회적 통제 장치다

　수치심은 단순한 감정이 아니다. 그것은 사회가 개인을 통제하기 위해 작동시키는 가장 본질적인 장치 중 하나다. 우리가 수치심을 느끼는 순간, 그 배후에는 반드시 '타인의 시선'이 존재한다. 혼자 있을 때는 아무렇지 않은 행동이, 누군가가 지켜보는 상황에서는 결코 용납되지 않는 일이 된다.

　이처럼 수치심은 '관찰당하고 있다'는 의식과 떼려야 뗄 수 없다. 프랑스 철학자 미셸 푸코는 《감시와 처벌》에서 현대 사회가 감옥을 통해 범죄자를 직접적으로 처벌하는 방식에서, 점점 더 '감시'라는 비가시적 통제를 통해 개인을 순응시키는 방향으로 진화하고 있다고 말했다. 그는 '파놉티콘Panopticon'이라는 개념을 제시하며, 감시받고 있다고 믿는 것만으로도 사람들이 스스로를 통제하게 된다고 보았다. 이는 결국 외적 강제보다 내적 억제, 즉 수치심이 더 효과적인 사회 통제 수단이라는 것을 의미한다. 예전에는 직접적인 처벌이 개인을 통제했다면, 오늘날에는 감시라는 보이지 않는 힘이 사람들을 스스로 복종하게 만든다는 것이다.

우리는 어린 시절부터 반복적으로 "그렇게 하면 부끄럽지 않니?", "사람들이 뭐라고 생각하겠니?"라는 말을 들으며 성장한다. 이 말은 단순한 훈육이 아니다. 그것은 사회가 개인에게 내면화시키는 통제의 언어다. 수치심은 그렇게 우리 안에 '감시자'를 심어 놓는다. 타인의 시선을 내면화한 우리는, 누가 보지 않아도 스스로를 검열하며 살아가게 된다.

실제로 대부분의 사회에서 법보다 강력한 것이 바로 '수치심'이다. 법은 위반하면 벌을 받는 것이지만, 수치심은 단지 누군가에게 조롱당하거나 외면당할 수 있다는 가능성만으로도 충분히 억제 효과를 발휘한다. 법이 강제력에 의존하는 외부적 규범이라면, 수치심은 감정이라는 이름의 내부적 규범이다. 그리고 그 내부 규범이야말로 인간을 가장 효과적으로 움직인다.

수치심은 공동체가 개인의 행동을 조율하는 데 사용하는 가장 은밀하고도 강력한 메커니즘이다. 법이나 제도는 외부의 억제 장치라면, 수치심은 내부에서 작동하는 감시자다. 누가 보지 않아도 우리는 수치심을 통해 행동을 조절하고, 어긋난 선택을 스스로 경계한다.

전통 사회에서도 이러한 수치심의 기능은 분명했다. 처벌이나 응보 이전에, '남들이 뭐라고 할까?'라는 두려움이 먼저 작동한다. 그래서 수치심은 공동체적 감정이다. 누군가의 시선이 존재해야 하고, 그 시선을 의식할 때 수치심은 일어난다. 타인의 시선은 무형의 규범이자, 우리 안에 새겨진 일종의 '사회적 눈'이다.

그러나 모든 수치심이 외부 시선에만 의존하는 것은 아니다. 타인의 눈이 사라져도 스스로를 부끄러워할 수 있는 단계, 바로 그 자율적 수치심의 정점을 옛 선현들은 '신독愼獨'이라는 개념으로 표현했다. 신독이란 '혼자 있을 때도 삼감'이라는 뜻이다. 《중용》에서는 이렇게 말한다. "군자는 그 독을 삼간다君子愼其獨." 겉으로 보이는 모습이 아무리 점잖더라도, 홀로 있을 때의 자세가 흐트러진다면 그것은 참된 도덕이 아니다. 신독은 타인의 시선 없이도 부끄러워할 줄 아는 윤리적 감각이다.

수치심이 외부 통제를 내면화한 장치라면, 신독은 그 내면화의 완성된 형태. 누가 보지 않아도 부끄러워할 줄 아는 사람은, 공동체가 없어도 스스로 도덕적 균형을 유지할 수 있다. 현대 사회에서 이 개념은 더 큰 의미를 갖는다. 우리는 SNS나 CCTV를 통해 상시 감시 상태에 가까운 시대를 살고 있지만, 진정한 윤리는 외부의 감시보다 내면의 부끄러움에서 시작된다. 회사의 CCTV

가 꺼진 뒤에도 정직하게 퇴근 시간을 지키는 직원이나 온라인에서 익명성이 보장되어도 혐오 발언을 하지 않는 사용자들 모두 내면의 부끄러움을 아는 사람들이다.

결국 수치심은 단지 '쑥스러움'의 감정이 아니라, 사회적 질서를 가능케 하는 감정이다. 그리고 신독은 그 질서를 스스로 내면화한 자의 자세다. 법 이전의 윤리, 형벌 이전의 절제는 결국 수치심에서 출발한다. 그것이 공동체를 지탱하는 보이지 않는 끈이다.

그렇기에 수치심이 사라진 사회는 위험하다. 법은 허술하고, 감시는 한계가 있으며, 처벌은 사후적이다. 그러나 수치심은 실시간으로 작동하고, 미세한 행동까지 통제한다. 그래서 권력자일수록 수치심이 중요하다. 권력을 감시할 수단이 없다면, 최소한의 자정 기능은 그 권력자가 '부끄러움'을 느끼는가 아닌가에 달려 있기 때문이다.

수치심은 하나의
감정이 아니다

    수치심은 단일한 감정이 아니다. 우리가 일상적으로 사용하는 표현만 보더라도 '부끄럽다, 창피하다, 쪽팔린다, 망신이다, 낯 뜨겁다' 등 유사해 보이지만 결이 다른 말들이 무수히 존재한다. 각각은 맥락과 강도, 대상과 반응 양식이 다르며, 이처럼 풍부한 언어적 다양성은 곧 수치심이라는 정서가 여러 감정의 복합체임을 시사한다.

    예컨대 '부끄럽다'는 비교적 내면화된 감정으로 자기반성과 관련이 깊은 반면, '망신이다'는 타인의 시선 속에서 자신이 실추되었을 때의 공적 수치에 가깝다. '창피하다'는 비교적 가벼운 당혹감을, '쪽팔린다'는 더 속되지만 동시에 현실감 있는 수치심을 표현한다. 이 감정들은 같은 뿌리를 공유하지만, 문화와 세대, 계층에 따라 쓰임과 무게감이 다르게 분화되어 있다.

 진화심리학적으로 볼 때, 수치심은 인간이 사회적 동물로서 협동과 소속의 관계 속에서 생존해 온 과정에서 생긴 정서이다. 잘못된 행동에 대해 죄책감을 느끼기 전에, 우선 타인의 시선에 대한 민감성이 수치심으로 작동한다. 이는 집단 내 질서와 위계, 기대되는 역할을 지키게 만드는 일종의 사회적 경고 시스템으로 기능해 왔다.

 하지만 현대 사회로 오면서 수치심은 점점 복잡해지고, 때로는 역기능적으로 작용하기도 한다. 평가받는 삶, 비교당하는 일상, 감시되고 전시되는 디지털 환경 속에서 수치심은 자아를 구성하는 핵심 감정이자 동시에 자아를 해체시키는 감정이 되기도 한다. 누군가는 수치심을 통해 자신을 성찰하고 성장시키지만, 또 다른 누군가는 과도한 수치심으로 인해 자기비하와 위축에 빠지기도 한다.

 수치심은 단순히 '느끼는 감정'이 아니라, 우리가 타인과 관계 맺는 방식, 사회에 적응하고 저항하는 방식, 그리고 자기 자신을 바라보는 방식을 규정짓는 심층 정서다. 그러므로 수치심을 하나의 단일한 감정으로 단순화하는 것은, 오히려 그것의 본질을 놓치는 일일 수 있다. 그것은 언제나 혼합적이며, 문화적이고, 시대적인 감정이다.

더욱이 수치심은 사회가 어떤 가치를 중심으로 사람을 평가하는가에 따라 그 구체적 내용과 발현 방식이 달라진다. 과거의 수치심이 '가문에 먹칠을 한다'라는 식의 집단적 명예와 연결되어 있었다면, 현대의 수치심은 '내가 충분히 가치 있는 사람이 아닌 것 같다'는 식의 개인적 자기의심과 연결되기 쉽다. 집단적 명예에서 개인적 자존으로, 외면적 불명예에서 내면적 위축으로 수치심의 중심축이 이동한 것이다.

이런 변화는 디지털 시대에 더욱 뚜렷해진다. 우리는 타인의 시선을 실제로 받지 않더라도, 잠재적인 감시와 평가의 가능성을 늘 인식하면서 살아간다. '부끄럽다'는 감정은 이제 단지 잘못을 저질렀을 때 느끼는 것이 아니라, SNS에 올린 사진이 '좋아요'를 받지 못했을 때 조차도 작동한다. 그만큼 수치심은 점점 더 미세해지고, 즉각화되며, 일상 속에 스며들고 있다.

결국 수치심은 단순한 심리 현상이 아니라, 사회의 문화적 조건, 기술 환경, 이상적인 인간상에 대한 암묵적 기준 등이 복합적으로 작용하는 사회심리적 정동이라 할 수 있다. 수치심은 시대를 비추는 거울이며, 한 사회가 무엇을 '기준'으로 삼고 있는지를 드러내는 정서적 지표다. 그러므로 우리는 수치심을 하나의 정서로서 분석하는 동시에, 사회가 사람에게 요구하는 이상과 기대를 묻는 방식으로도 접근해야 한다.

사회심리학에서는 수치심을 크게 두 가지로 구분한다. 하나는 도덕적 규범을 어겼을 때 드는 깊은 부끄러움, 다른 하나는 단순한 실수나 당황스러운 상황에서 오는 민망함이다. 영어로는 전자를 shame, 후자를 embarrassment라 한다.

'shame(수치심)'과 'embarrassment(당황함 또는 난처함)'는 모두 불편하고 부정적인 감정이지만, 그 근원과 강도, 지속성, 그리고 자신에게 미치는 영향에서 큰 차이를 보인다.

1. 근원 source

- **embarrassment**(당황함): 주로 자신의 행동이나 실수가 타인에게 드러나거나, 사회적으로 기대되는 모습과 어긋나는 상황에서 발생한다. 도덕적인 문제라기보다는 사소한 실수나 사회적 규범 위반에 가깝다. 예를 들어, 사람들 앞에서 넘어지거나, 옷에 음식을 흘리거나, 엉뚱한 말을 했을 때 느끼는 감정이다. 대개는 도덕적으로 중립적인 상황에서 발생하며, 자신의 이미지에 위협이 가해질 때 나타난다.
- **shame**(수치심): 자신의 존재나 본질적인 부분에 대한 부정적인 평가에서 비롯된다. 자신이 뭔가 근본적으로 잘못되거나 결함이 있는 사람이라고 느낄 때 발생한다. 도덕적, 윤리적

으로 비난받을 만한 행동을 했거나, 자신이 어떤 면에서 부족하다고 느낄 때 깊이 경험하는 감정이다. "나는 나쁜 일을 했다"가 아닌 "나는 나쁘다"라고 느끼는 감정이다.

2. 강도 및 지속성

- **embarrassment**(당황함): 비교적 가볍고 일시적인 감정이다. 상황이 지나가거나 다른 사람들의 관심이 다른 곳으로 향하면 쉽게 사라진다. 때로는 시간이 지나면 유머의 소재가 되기도 한다.
- **shame**(수치심): 강렬하고 오래 지속되는 감정이다. 자신의 존재 자체를 부정하는 느낌이 들기 때문에 깊은 고통을 동반하며, 쉽게 잊히지 않고 오랫동안 정신 건강에 영향을 미칠 수 있다.

3. 초점 focus

- **embarrassment**(당황함): 주로 외부의 시선과 판단에 초점을 맞춘다. 다른 사람들이 나를 어떻게 볼지, 내 행동이 그들에게 어떻게 비칠지에 대한 걱정에서 오는 감정이다.

- **shame**(수치심): 주로 내면의 자기평가와 판단에 초점을 맞춘다. 타인의 시선이 있을 수도 있지만, 그보다는 자신이 스스로를 어떻게 바라보는지, 자신의 본질이 얼마나 부족한지에 대한 내면적인 비난이 더 크다.

4. 결과 outcome

- **embarrassment**(당황함): 보통 스스로를 바로잡거나, 상황을 무마하려는 행동(웃어넘기기, 화제 돌리기 등)으로 이어진다. 비교적 건강한 자기교정의 기회가 될 수 있다.
- **shame**(수치심): 숨거나 회피하려는 경향을 만든다. 자신을 비난하고 고립시키며, 낮은 자존감, 불안, 우울증 등 심리적인 문제로 이어질 수 있다.

5. 예시

- **embarrassment**(당황함): 공개석상에서 갑자기 방귀를 뀌었을 때, 발표 중에 내용이 기억나지 않아 말을 더듬을 때, 식당에서 음식을 먹다가 흘렸을 때.
- **shame**(수치심): 거짓말을 해서 다른 사람에게 큰 피해를 주었

을 때, 가족이나 친구에게 배신감을 느끼게 하는 행동을 했을 때, 스스로 생각하는 자신의 도덕적 기준에 크게 미달하는 행동을 했을 때.

요약하자면, 당황함은 주로 '실수'에 대한 가볍고 일시적인 감정이라면, 수치심은 '자신'에 대한 깊고 지속적인 부정적인 감정이라고 할 수 있다. 당황함은 "내가 실수했다"고 말하는 반면, 수치심은 "나는 잘못됐다"라고 말하는 것과 같다.

이 외에 수치심과 유사하지만, 차이를 보이는 감정들도 있다.

- **혐오:** 도덕적으로 용납할 수 없는 대상에 대한 강한 거부감
- **모욕:** 타인이 나의 존엄을 훼손했을 때 느끼는 굴욕감
- **불명예:** 사회적 평가에서 명예가 훼손되었을 때 드는 수치감
- **자괴감:** 스스로에 대한 실망과 부끄러움
- **자존심:** 자신을 지키려는 감정으로, 훼손될 경우 수치심으로 전환될 수 있음

수치심과 죄책감
- 시선과 양심의 교차점

 수치심과 죄책감은 겉보기엔 비슷하지만, 감정이 작동하는 방식과 그 뿌리는 사뭇 다르다. 수치심이란 '남에게 보여졌을 때' 드러나는 감정이다. 반면 죄책감은 '보이지 않아도' 스스로의 내면에서 생기는 감정이다. 수치심은 외부의 시선에 대한 반응이라면, 죄책감은 내면의 윤리에 대한 반응이다. 한마디로 정리하면, 수치심은 타인의 눈을 의식하는 감정이고, 죄책감은 양심을 의식하는 감정이다.
 루스 베네딕트는 이 점을 문화적으로 분석했다. 그녀는 《국화와 칼》에서 일본 사회를 대표적인 수치심 문화라고 규정했다. 일본인은 행동의 옳고 그름보다 그것이 타인의 눈에 어떻게 비치는지를 먼저 고려한다. 반면 서구, 특히 기독교적 전통 아래 형성된 문화는 죄책감을 중심으로 구성되어 있다. 신 앞에서 죄를 지었는가, 아니면 지키고 있는가가 도덕의 기준이 되는 것이다. 이 두 감정은 모두 인간 행동을 규율하는 중요한 기제이지만, 그 뿌리가 다르기에 유사한 상황에서도 다른 반응을 이끌어낸다.

예를 들어, 부정을 저지른 사람이 있다고 하자. 그가 들키지 않았을 경우, 수치심 문화에서는 죄책감을 느끼기보다 안도할 수도 있다. "창피를 당하지 않아서 다행이다." 반면 죄의 문화에서는 "신이 보고 있다"라는 인식이 죄책감을 일으킨다. 이때 느끼는 고통은 타인의 시선이 아니라 자신의 양심에 대한 것이다.

심리학에서도 이 두 감정의 차이는 계속해서 논의되어 왔다. 수치심은 종종 '나라는 존재 전체가 부끄럽다'는 정체성의 문제로 번지는 경우가 많다. 그래서 수치심이 반복되면 자기비하와 회피, 때로는 분노와 공격성으로 이어지기 쉽다. 반면 죄책감은 '내가 한 일이 잘못되었다'는 판단에서 출발하기 때문에, 반성과 사과, 속죄로 나아갈 가능성이 더 높다고 본다. 이 때문에 현대 심리학에서는 죄책감을 '건강한 감정'으로 보는 경향이 강하다.

그러나 현대 사회에서는 이 둘의 경계가 흐려지고 있다. SNS는 인간을 끊임없이 '노출된 존재'로 만들었다. 타인의 시선과 평가에 민감하게 반응하면서 수치심은 오히려 강화되고 있다. 반면 책임 있는 개인, 즉 내면 윤리에 따라 행동하고 반성하는 '죄책감의 인간상'은 희미해졌다. 많은 사람이 들키면 사과하고, 들키지 않으면 침묵한다. 그러면서도 자신은 도덕적으로 깨끗하다고 믿는다.

"들켰기 때문에 잘못한 것인가, 했기 때문에 잘못한 것인가?"

이 질문이야말로 오늘날 우리 사회가 직면한 윤리적 혼란을 상징적으로 보여준다.

수치심과 죄책감. 이 두 감정은 인간이 사회 속에서 도덕을 어떻게 받아들이고 실천하는지를 보여주는 거울이다. 그리고 이 거울 속의 모습은 시대와 문화, 사회에 따라 다르게 빛난다.

수치심과 죄책감은 때로 의도적으로 뒤섞이거나, 조작되기도 한다. 현대 사회에서 많은 권력자들은 죄책감을 느껴야 할 상황에서도 수치심만을 앞세운다. 이는 마치 "나는 잘못한 것이 아니라, 들켜서 망신당한 것이다"라는 식의 반응이다. 잘못 자체보다 체면과 이미지 회복에 몰두하게 되면, 진정한 윤리적 반성은 사라진다.

이처럼 수치심은 연출이 가능하지만, 죄책감은 연기하기 어렵다. 그래서 어떤 심리학자들은 수치심보다 죄책감이 더 깊은 인간성을 반영한다고 본다. 대표적인 예로, 사이코패스는 수치심을 사회적으로 연기할 수 있지만 죄책감을 전혀 느끼지 못한다. 수치심은 타인의 시선을 모방하면 흉내 낼 수 있지만, 죄책감은 내면의 윤리가 작동하지 않으면 생기지 않는다.

이 차이는 인간의 도덕 감정에 있어 '깊이'의 문제이기도 하다. 대중문화에서도 이 두 감정은 다르게 표현된다. 드라마에서 수치심을 느낀 인물은 거짓말을 하거나 분노하며 상황을 모면하려 하지만, 죄책감을 느낀 인물은 고백하거나 스스로 물러난다. 누군가가 진심으로 용서를 구할 수 있으려면, 수치심만으로는 부족하다. 용서는 수치심의 회피가 아니라, 죄책감의 고백에서 출발한다.

결국, 수치심은 외부의 '눈'을 의식하게 만들지만, 죄책감은 내면의 '목소리'에 귀를 기울이게 만든다. 그리고 이 목소리를 얼마나 진지하게 들을 수 있는가가, 한 인간과 사회의 윤리적 성숙도를 가늠하는 잣대가 된다.

2장

수치심이 없는 풍경들

뻔뻔함이
미덕이 된 사회

 노무현 대통령이 군 장성들을 향해 "부끄러운 줄 알아야지!"라고 일갈했을 때, 그 말은 신선한 울림을 주며 사회의 감시 장치로서 '수치심'의 존재를 환기시켰다. 당시만 해도 수치심은 강력한 윤리적 경고로서 사회 구성원들을 멈추게 하는 힘이 있었다.

 하지만 요즘은 뻔뻔함이 일상화된 탓일까? 그 외침은 더 이상 강렬하게 다가오지 않는다. 잘못을 저지르고도 부끄러워하기는커녕, 오히려 피해자인 척 뻔뻔함을 '능력'처럼 소비하는 세태는 우리 사회의 수치심이 죽었음을 방증한다. 수치심의 부재는 사회적 감시, 통제, 그리고 스스로를 돌아보는 자성의 기능 상실로 이어진다.

 수치심이 사라졌다는 것은 단순히 몇몇 몰상식한 사건 때문이 아니라, 그 이면에 자리 잡은 심리적, 구조적 병리 현상의 결과다. 이번 글에서는 그 근본적인 원인들을 하나씩 짚어보려 한다.

1. 타인의 시선이 더 이상 두렵지 않다

과거에는 "남들이 뭐라 하겠어?"라는 타인의 시선에 대한 두려움이 강력한 억제력이자 내면의 윤리 작동 기제였다. 하지만 요즘은 "내가 뭘 잘못했는데?", "나도 피해자야", 심지어 "대통령도 그러는데 내가 왜?"와 같은 반응이 나올 정도로 타인의 불쾌감이나 고통에 무감각해진 사람들이 늘고 있다. 이는 단순한 뻔뻔함을 넘어선 공감 능력의 상실이며, 수치심 부재의 주요 원인이 되어 갑질과 진상을 일상적인 풍경으로 만든다.

2. 책임지는 사람이 바보 되는 시대

잘못된 일이 발생했을 때, 가장 먼저 사과하는 사람이 '호구' 취급을 받는다. 책임을 지면 도리어 불이익을 당하고, 책임을 회피하는 사람이 오히려 승진하는 기형적인 구조가 만연하다. "법적으로 문제없잖아?", "다 그렇게 해"라는 말은 면죄부처럼, 때로는 당연한 행동 지침처럼 여겨진다. 수치심은 윤리적 판단의 영역에서 벗어나 손해를 보지 않기 위한 실용적인 문제로 전락했고, '책임지는 사람만 손해 보는 구조'가 고착화 됐다.

3. 공적 자리를 사적 이익의 도구로 삼는다

공직은 더 이상 '섬김'의 자리가 아닌 '기회'의 장으로, 퇴진은 '양심'의 발로가 아닌 '실패'의 낙인으로 인식된다. 이러한 인식 속에서 수치심은 오히려 개인의 이익 추구에 걸림돌이 된다. 자리를 보전하고 사적 이익을 극대화하기 위해서는 뻔뻔함이 필수적인 생존 전략이 된다.

4. 공동체의 감시가 사라졌다

과거에는 이웃의 눈총, 직장 동료들의 수군거림, 사회적 평판 등이 개인의 행동을 통제하는 강력한 수단이었다. 그러나 이제는 "나도 별수 없어"라는 체념과 타인에 대한 무관심이 사회 전반을 지배한다. 서로의 윤리를 지켜주던 공동체의 감시 기능이 약화되면서, 수치심은 오히려 홀로 괴로워하는 사람만이 짊어지는 감정이 되어버렸다.

5. 수치심은 순진한 사람의 감정이 되었다

이제 수치심은 착하고 순박한 사람, 혹은 세상 물정에 어두운 사람의 감정으로 치부된다. 오히려 뻔뻔한 사람이 더 많은 것을 얻고 성공하는 것처럼 보이는 사회다.

수치심은 '실패자의 감정'으로, 뻔뻔함은 '생존 전략'으로 포장되는 시대다. 심지어 '도덕적'이라는 단어조차 낡고 위선적으로 느껴지는 냉소적인 사회 분위기가 조성됐다.

수치심이 사라졌다는 것은 단순히 부끄러움을 느끼는 사람이 줄었다는 의미를 넘어선다. 이제는 '부끄러워하지 않아도 되는 사회', 더 나아가 '부끄러워하면 손해 보는 사회'가 되었다는 것을 의미한다. 이러한 구조적 문제들이 사회 각 분야에 깊숙이 뿌리내린 결과, 우리는 다음과 같은 부끄러운 풍경들을 마주하고 있다.

정치권: 파렴치의 일상화

비리나 범죄 혐의가 명백히 드러나도 정치인들은 좀처럼 사퇴하지 않는다. 오히려 재출마하거나 요직에 복귀하는 사례가 빈번하다. 뇌물, 성 비위, 학폭, 갑질 등 과거의 부끄러운 행적들은 이제

"과거엔 다 그랬지"라는 말로 쉽게 덮어진다. 정치권은 이미 수치심의 사망을 선고한 듯하다.

공직사회: 책임의 부재

국민에게 심각한 고통을 초래한 정책 실패에도 불구하고, 책임을 지고 물러나는 고위 공직자를 찾아보기 어렵다. 사퇴보다는 변명과 시간 끌기가 마치 공식처럼 자리 잡았다. 공직 자체가 무너진 것이 아니라, 공직에 대한 인식이 '국민을 위한 봉사'에서 '개인의 이익을 위한 전략적 자리'로 변질됐다.

법조계: 법을 무기로 삼는 사람들

정의를 수호해야 할 최후의 보루인 법조계가, 오히려 법률 지식을 이용해 책임을 회피하는 자들의 안식처가 되어버렸다. 재벌과의 유착, 봐주기 수사, 면죄부 판결은 더 이상 놀라운 뉴스가 아니다. 건강상의 이유나 경제적 기여를 명목으로 실형을 피한 이들이 당당히 사회의 상층부로 복귀하는 현실은 씁쓸하기만 하다.

언론: 감시자의 타락

오보를 내고도 제대로 된 정정 없이 슬그머니 기사를 삭제하거나, 광고주와 조회수에 따라 보도 방향을 결정하는 언론의 모습은 감시자로서의 역할을 스스로 포기한 것과 같다. '정의'보다는 '조회수', '진실'보다는 '속도'를 우선시하는 언론은 공적 책임은 외면한 채 돈이 최고의 가치라는 메시지만을 남긴다.

전반적인 사회 문화: 내로남불의 만연

시민단체, 종교계, 진보와 보수를 막론하고 도덕적 판단 기준은 오직 '내 편'과 '네 편'으로 나뉜다. 학폭, 음주운전, 갑질 등 과거의 잘못도 '내가 하면 괜찮고, 남이 하면 문제'라는 이중잣대가 당연하게 여겨진다. 이러한 선택적 분노와 이중잣대는 사회 전체를 병들게 하고 있다. 결국 수치심이 사라진 사회는 '무엇이 옳은가'보다 '어떻게 하면 살아남을 수 있는가'를 더 중요하게 생각하는 사회로 전락했다.

다음 글에서는 2023년을 뒤흔든 일련의 사건들을 통해, 이 '뻔뻔함의 구조'가 어떻게 현실에서 작동하는지 구체적으로 살펴보겠다.

갑질의 끝,
죽음으로 내몰린 교사들

2023년, 잇따른 교사들의 자살은 우리 사회의 부끄러운 민낯을 여실히 드러냈다. 특히 초등학교 교사들의 비극적인 죽음은 '수치심을 잃은 사회'의 현주소를 보여주는 슬픈 자화상이었다. 상식을 벗어난 일부 학부모들의 갑질은 마치 조폭 영화에서나 나올 법한 위협과 폭언으로 일선 교사들을 극단적인 선택으로 내몰았다. "어떻게 초등학교에서 이런 일이?"라고 생각할 수 있지만, 이는 오래 전부터 누적되어 온 구조적인 문제의 심각한 발현이었다.

교육부가 발표한 '2016~2021년 재직 중 사망한 교사 현황'에 따르면, 전체 사망자 687명 중 스스로 목숨을 끊은 교사는 76명(11%)에 달했다. 특히 20~30대 젊은 교사들이 전체 자살자의 38%를 차지했으며, 그 절반 이상이 초등학교 교사였다.

교사 자살의 근본 원인으로는 무너진 교권과 존중받지 못하는 교직 환경 등이 지적되지만, 이는 배경일 뿐 직접적인 '방아쇠' 역할을 한 것은 대부분 '학부모의 악성 민원'이었다. 서이초 사건은 '학부모의 악성 민원'의 끝을 명확하게 보여주는 대표적인 사례다.

서이초 사건: 연필 하나가 촉발한 지옥

서이초 사건의 발단은 이른바 '연필 사건'이었다. B 학생이 A 학생의 가방을 연필로 찌르자, A 학생이 이를 막으려다 연필에 이마를 긁히는 사고가 발생했다. 사고 이후, A 학생의 학부모는 교사 A 씨에게 수차례 전화를 걸어왔다. 충격적인 사실은 교사가 자신의 개인 전화번호를 알려주지 않았음에도 학부모가 이미 알고 있었다는 점이다. A 씨는 동료 교사에게 "소름 끼친다. 방학 후엔 번호를 바꿔야겠다"라고 토로할 정도로 극심한 불안감을 느꼈다. 학부모는 전화를 비롯해 문자 메시지, 메신저 등을 통해 지속적으로 민원을 제기했고, 심지어 교무실까지 찾아와 교사에게 폭언을 퍼부었다. "교사 자격이 없다"는 모욕적인 발언까지 서슴지 않았다. 안타깝게도 이처럼 교사를 괴롭히는 학부모는 한두 명이 아니었다.

조사 결과, 서이초 교사의 70%가 한 달에 한 번 이상 민원에 시달렸고, 15%는 "한 달에 7번 이상" 민원을 경험했다고 답했다. 특히 학교폭력 담당 교사는 "관련 민원의 대부분이 법조인 학부모로부터 왔다"고 증언하여, 일부 법조인들의 갑질이 교권을 짓밟는 데 악용되었음을 시사했다. 교사를 교육자가 아닌 단순한 '서비스업 종사자'로 여기는 그릇된 인식이 이러한 끔찍한 일들을 가능하게 만들었다.

호원초 사건: 죽음 이후에도 계속된 괴롭힘

서이초 사건 못지않게 우리 사회에 큰 충격을 준 사건이 있다. 바로 의정부 호원초등학교 이영승 교사의 안타까운 죽음이다. 이 교사는 2016년 호원초등학교에 부임하여 교사 생활을 시작했다. '페트병 자르기' 수업 중 학생이 손을 다치는 사고를 겪었다. 학교안전공제회에서 보상금이 지급되었다. 그랬지만 해당 학생의 학부모는 이를 문제 삼아 교사에게 지속적으로 전화로 금품을 요구하는 상식 이하의 행태를 보였다.

견디다 못한 이 교사는 결국 휴직계를 내고 군에 입대했지만, 학부모의 악성 민원은 멈추지 않았다. 군 복무 중인 교사에게까지 연락을 계속하며, 결국 교사 개인에게 매달 50만 원씩 총 400만 원을 받아냈다. 뿐만 아니라, 다른 학부모들의 민원도 끊이지 않았다. 장기 결석한 학생의 출석 처리를 강요하며 수백 건의 문자 메시지를 보내는 사례도 있었다.

　더욱 충격적인 것은 해당 교사의 장례식 당일까지도 민원이 멈추지 않았다는 사실이다. 장례식장에서 유족에게 "제가 못 올 데를 왔냐"고 항의하는 몰상식한 행동을 보인 학부모는 조문조차 하지 않았다. 이 모든 행위는 인간에 대한 최소한의 존중과 수치심이 있었다면 결코 일어날 수 없는 일들이었다.

　이 사건에서도 여느 사회 문제와 마찬가지로 '문제 발생 → 책임 회피 → 보여주기식 수습 → 누구도 책임지지 않음'이라는 익숙한 패턴이 반복됐다. 호원초등학교의 교장과 교감은 이 교사의 죽음을 단순 추락사로 처리하기에 급급했다. 교사의 고통을 방관한 학교, 사건을 축소하려 했던 교육청, 그리고 극단적인 괴롭힘으로 교사를 죽음으로 내몬 학부모, 이 모두가 수치심을 잃어버린 우리 사회의 공범자들이다.

　결국 이 비극적인 사건에 대해 제대로 책임지는 사람은 아무도 없었다. 학부모도, 학교도, 교육청도 자신들의 책임을 회피하기에 바빴다. 책임을 져야 할 사람들은 슬그머니 빠져나가고, 가장 약한 존재만이 모든 고통을 고스란히 짊어지는 이 비정상적인 구조는 우리 사회의 치명적인 병폐다.

　서이초등학교와 호원초등학교 교사들의 죽음은 단순한 교육계의 문제가 아니다. 수치심을 잃고도 아무렇지 않게 살아가는 사람들, 책임을 회피하는 무책임한 조직, 그리고 약자에게만 가혹하게 고통을 전가하는 우리 사회 시스템의 총체적인 붕괴를 적나라하게 드러낸 사건이다.

그리고 이러한 끔찍한 패턴은 비단 학교라는 울타리 안에서만 벌어지는 일이 아니다. 우리 사회 곳곳에서 '책임의 실종'은 끊임없이 반복되고 있으며, 그 결과는 때로는 한 개인의 죽음보다 훨씬 더 크고 심각한 사회적 파장을 낳는다.

논란이 된 양평고속도로 노선 변경 사건 역시 마찬가지다. 한 개인의 가족 이익을 위해 국가 정책이 손쉽게 뒤바뀌고, 그 과정에 대한 명확한 설명조차 없는 행태는 또 다른 형태의 수치심 상실이자, 권력의 사유화 시도다.

이제 우리는 진지하게 묻지 않을 수 없다. 이 나라는 과연 누구의 것인가?

침묵의 고속도로
– 양평고속도로 변경 미수 사건

2023년 6월 30일, 국토교통부는 이미 상당 부분 진행 중이던 '양평고속도로 노선 백지화'를 갑작스럽게 발표했다. 명확한 이유는 제시되지 않았고, 단지 "국민의 혼란을 막기 위해"라는 이해하기 어려운 말만 남겼다.

발표 전날, 대통령의 배우자와 관련된 보도가 있었다. 설계 변경으로 인해 가장 큰 수혜를 입게 될 지역이 김건희 여사의 모친이 거주하는 곳이라는 내용이었다. 그리고 다음 날, 아무런 설명 없이 국책 사업은 중단됐다. 국민들은 누가, 왜, 무엇을 위해 이러한 결정을 내렸는지 알 수 없었다. 명확한 설명은커녕, 합리적인 질문조차 허용되지 않는 분위기였다.

원희룡 국토교통부 장관은 기자들과의 만남에서 "김 여사가 선산을 옮기지 않는 한, 처분하지 않는 한 민주당의 날파리 선동이 끊이지 않을 것이기 때문에 그 원인을 제거하겠다"며 감정적으로 사업 전면 중단을 선언했다. 원 장관은 "민주당의 선동 프레임이 작동하는 동안 국력을 낭비할 수 없어 이 정부에서 추진됐던 모든 사항을 백지화한다"며 "노선 검토뿐 아니라 도로 개설 사업 추진 자체를 이 시점에서 전면 중단한다"라고 강하게 주장했다. 이는 민주당의 합리적인 지적을 근거 없는 '가짜 뉴스'에 기반한 '선동'으로 치부하며, 수년간 진행되어 온 국책 사업을 장관 개인의 독단적인 결정으로 백지화하겠다는 터무니없는 주장이었다.

내용 자체도 황당했지만, 당시 원 장관의 격앙된 태도는 많은 사람들의 의아심을 자아냈다. 얼굴은 하얗게 질려 있었고, 극도로 흥분한 모습은 오히려 석연치 않은 구석이 있음을 드러내는 듯했다. 마치 부부싸움에서 감추고 싶은 약점을 정통으로 찔렸을 때 보이는 과잉 반응과 유사했다. 국민들은 국토부 장관의 지나치게 감정적인 모습에서 무언가 숨겨진 진실이 있음을 직감적으로 느꼈다.

아니나 다를까, 양평고속도로 문제는 단순한 해프닝이 아니었다. 변경 과정은 너무나 뻔해 보였지만, 자칫하면 정권 전체를 흔들 수 있는 민감한 사안이었다. 누군가의 부당한 압력을 받은 국토부 장관이 과도하게 흥분했던 이유를 짐작하기는 어렵지 않았다.

서울-양평고속도로의 원래 종점은 양평군 양서면 증동리로 계획되어 2008년부터 추진되었으며, 2021년 4월 기획재정부의 예비타당성조사를 통과했다. 기획재정부 예비타당성조사, 타당성조사 그리고 전략환경영향평가 등에서는 양서면이 고속도로의 종점이었는데, 윤석열 정부가 들어서고 발표된 2023년 5월 8일 개정안에서는 고속도로의 종점이 영부인 김건희 여사 일가의 선산과 일가 토지들이 있는 양평군 강상면으로 바뀌면서 의혹이 제기됐다.

KBS와 한겨레의 보도에 따르면, 변경된 종점인 '양평군 강상면' 반경 약 5km 안에 김건희 여사와 어머니인 최은순 씨, 김 여사의 언니와 남동생, 가족 회사 등이 보유한 땅은 모두 토지 29필지, 3만 9,394m^2(1만 1,917평)인 것으로 확인됐다. 이는 재산 공개 때 알려졌던 것보다 17개 필지가 더 확인된 것으로, 총면적은 축구장 5개 크기이다.

사실 이런 문제는 독재정권 시절 권력자가 자기가 소유한 토지에 도로를 유치해 막대한 이익을 취하고 있다는 풍문에 너무나 익숙한 세대에게는 모든 것이 너무나 뻔했다. 예비타당성조사를 통과한 사업이 저절로 변경될 리 없다. 설사 변경안이 좋더라도 보신주의에 철저한 공무원은 무시할 수 없는 외압이 없는 한 절대 바꾸지 않는다. 외압이 있었던 것은 자명하고, 외압의 주체는 변경으로 큰 이익을 보는 사람임은 누구나 알고 있는 상식이다. 이것은 여론조사에서도 분명하게 드러났다.

2023년 7월 15~17일 전국의 유권자 2,025명을 대상으로 '서울-양평고속도로 국정조사 추진'에 대한 '찬반'을 물었더니 찬성이 63.7%, 반대가 31.6%, '잘 모름'은 4.7%로 집계됐다. 조원씨앤아이가 7월 14~15일 전국 만 18세 이상 남녀 1,020명을 대상으로 한 전화면접조사에서 양평고속도로 종점 변경 사건의 본질이 무엇인지 묻는 질문에 58.3%가 "대통령 부인의 경제적 이익을 위한 권력형 비리"라고 응답했다. "양평 주민들의 교통편의를 위한 설계상 변경"이란 응답은 31.3%였다.

국토교통부가 예비타당성 심사를 통과한 양평고속도로의 기존 종점을 김건희 여사 일가가 소유한 토지 근처로 변경한 것에 대해 더 신뢰하는 주장이 무엇이냐는 질문에는 65.7%가 "김건희 여사 일가 땅이 근처에 있는 줄 알고서 종점을 변경했다"고 답했다. 모르고 변경했다는 응답은 22.1%였다.

원희룡 국토부 장관이 해당 고속도로 건설사업 백지화를 선언한 가운데 59.8%는 "원래 계획대로 건설해야 한다"고 답했다. "바뀐 종점으로 건설해야 한다"(16.4%), "백지화에 동의한다"(13.7%) 순으로 뒤따랐다. 관련 사건에 대해 국정조사가 필요하다는 의견은 69.2%에 달했다. 필요 없다는 의견은 26.5%에 머물렀다.

국민의 대다수는 이미 전모를 대강 알고 있는 이 뻔한 일을 두고 부끄러움을 모르는 사람들의 향연이 시작됐다. 국토부 장관과 공무원들, 누군가의 눈에 잘 보이려는 국민의힘 의원들, 어떻게든 실드를 치려는 언론들, 그리고 변경을 제안했다는 용역회사 임직원들, 이들은 아무 거리낌 없이 국민을 속이려는 뻔뻔한 모습을 아낌없이 보여주었다.

일타강사를 자처하며 기세등등하게 나왔던 국토부 장관과 국토부는 모든 책임을 용역회사에 돌리려 했다. 그 결과 돈 좀 벌어보겠다고 끼어든 용역회사는 고발까지 당하게 되었으니, 모든 게 코미디였다. 국토부 장관의 무책임한 모습을 보고 윤석열 정권은 어떻게 하나같이 저런 것들을 장관으로 임명했느냐는 탄식이 저절로 나왔다. 그중에서도 국토부 공무원들이 보여주는 모습이 가장 가관이었다. 아무 힘도 없는 용역회사에 모든 책임을 돌리고, 문서 변조까지 했다. 변명과 거짓말을 밥 먹듯이 하는 모습을 보며 '저 사람들은 부끄러움이란 것을 전혀 모르는구나'라고 느낄 수밖에 없었다. 우리 사회의 수치심이 죽었다는 것을 재확인하는 순간이었다.

국민의 눈을 의식한다면 도저히 할 수 없는 행동이었다. 공직자는 본디 누구보다 국민의 시선을 두려워해야 할 존재들이다. 국민의 시선을 안중에 두지 않는다면 그들의 존재 이유는 없다. 결국 이 사건은 특검으로 가지 않는 한 저들은 종점을 변경시킬 것이라고 누구나 생각했을 것이다. 그러나 이 모든 분노와 의혹의 목소리에도 불구하고, 사건은 조용히 수면 아래로 가라앉았다. 국정조사를 요구하는 국민의 목소리는 쉽게 묵살되었고, 핵심 관계자들은 책임을 피해가기 바빴다. 언론의 관심도 점차 식어갔다. 마치 아무 일도 없었다는 듯, 또 하나의 권력형 의혹은 그렇게 '침묵' 속에 덮여버렸다.

이 사건은 단지 도로 하나의 문제가 아니다. 그것은 수치심 없는 권력자들이 국민의 눈앞에서 어떻게 현실을 왜곡하고, 진실을 묻어버리는지를 보여주는 교과서 같은 장면이었다. 그리고 우리 사회가 이런 장면에 얼마나 익숙해져 버렸는지도 말이다.

새만금 잼버리
- 국가의 무능이 드러난 순간

 이런 일은 전례가 없었다. 외국 손님들을 초청해 놓고 준비 부족으로 행사를 망쳐, 국제적인 망신을 당한 일은. 그동안 우리나라는 크고 작은 국제행사를 나름대로 성공적으로 치러왔다. 1988년 서울올림픽과 2002년 한일월드컵, 2018년 평창 동계올림픽까지 전 세계의 찬사를 받으며 마무리했고, 국민들 역시 큰 자긍심을 느꼈다. 외국인이 "한국은 대단한 나라"라고 말하는 것에 쉽게 우쭐해지는 우리 국민 정서상 국제행사를 소홀히 준비하는 일은 없었고, 그 긴장감이 성공적인 개최로 이어지곤 했다. 그런데 왜 유독 새만금 잼버리만 끔찍한 실패로 끝나며 세계적 망신거리가 되었을까?
 새만금이 잼버리 개최지로 선정된 것은 2017년 8월. 대회가 열린 2023년 8월까지 무려 6년이라는 시간이 있었다. 코로나19라는 변수는 있었지만, 준비하기에 부족한 시간은 아니었다. 정부의 전폭적인 지원도 있었고, 예산도 충분했다. 게다가 우리나라는 잼버리 개최 경험도 있었다. 성공을 위한 모든 여건은 갖춰져 있었고, 진심으로 준비만 했더라면 대회의 성공은 그리 어려운 일이 아니었다. 실제로 개최 1년 전인 2022년, 잼버리 조직위원회의 공동조직위원장이던 여성가족부 장관은 국정감사에서 "태풍, 폭염에 대한 대비도 다 마쳤다"며 자신감을 내비친 바 있다.

하지만 막상 뚜껑을 열어보니, 대책은커녕 부실 그 자체였다. 야영장 선정부터 문제가 있었고, 위생 상태는 최악이었다. 온열질환과 코로나19 집단 감염까지 발생하면서, 대회 진행은 말 그대로 아수라장이었다. 결국 4,500여 명이라는 최대 인원이 참가한 영국은 환경 개선 요구가 받아들여지지 않자 철수를 결정했다. 이어 1,200여 명이 참가한 미국도 철수에 동참했고, 싱가포르는 출퇴근 잼버리를 선택했다. 전체 참가 대원의 약 15%가 이탈하며 대회는 사실상 파행에 빠졌다.

이렇게 되자 세계스카우트연맹은 한국 측에 조기 종료를 요청했다. 남은 일정 동안 참가자들의 안전한 귀국을 위한 대안을 검토해 달라는 요청이었다. 그러나 우리 측은 "폭염 문제 해결에 최선을 다하겠다"며 일정을 예정대로 강행하기로 했다. 하지만 문제는 단순히 폭염이 아니었다. 총체적인 준비 부족과 전반적인 환경이 문제였던 것이다.

국제행사에서 참가국이 조기 철수해 파행으로 끝난 사례는 우리 역사상 처음 있는 일이었다. 언론은 세계스카우트연맹 총재의 말을 인용해, 폭염 탓에 영국과 미국이 철수를 결정한 것처럼 보도했다. 문제의 본질을 축소하려는 전형적인 프레임이었다. 그러나 외신들은 일관되게 윤석열 정부의 무능과 무책임을 지적했다. 언론 통제 시도도 있었다. 인터뷰는 제한된 구역에서만 가능했고, 반드시 주최 측 에스코트가 있어야 했다. 그런 상황에서 누가 비판적인 발언을 하겠는가?

그렇다면 국내 공직자들은 이 사태를 어떻게 평가했을까? 놀랍게도 대통령 이하 공직자들은 자화자찬에 여념이 없었다. 수치심을 잃은 공직자들이 보여주는 전형적인 행태였다. 대통령실 대변인에 따르면, 윤석열 대통령은 수석비서관 회의에서 "잼버리를 무난하게 마무리하여 국가 브랜드 이미지 제고에 기여한 종교계, 기업, 대학 및 지자체에 감사드린다"며 "잼버리 대원들을 환영해 준 국민들께도 감사하다"고 말했다. 여당인 국민의힘도 "유종의 미를 거뒀다"는 평가를 내놨다.

압권은 여성가족부 장관이었다. 한 독일 기자가 "한국은 평소 매우 잘 조직돼 있는 나라로 알려져 있는데, 이번 잼버리는 왜 이렇게 준비가 안 되었느냐"라고 묻자 장관은 "세계연맹 조사에 따르면 '아주 만족하지 못한다'는 응답은 4%에 불과하다"며 "청소년들은 즐겁게 참여했고, 여건도 많이 개선됐다"고 주장했다. 그러나 설문 대상 인원과 설문 내용에 대한 질문에는 "세계연맹이 진행한 것"이라며 답변을 회피했다. 전북지사는 한술 더 떴다. 그는 "문제가 있었던 것은 사실이지만 많은 참가자들이 만족하고 있고, 세계연맹의 보도 지침으로 인해 취재가 금지돼 있어 긍정적 평가가 보도되지 못했다"고 주장하며, 책임을 세계연맹과 SNS에 돌렸다.

새만금 잼버리에서 공직자들이 보여준 태도는 수치심을 상실한 관료들이 보여주는 전형적인 패턴 그 자체였다. 첫째, 진짜 원인을 감추려 언론 플레이를 시도했다. 준비 부족이 원인이었음에도, 폭염 탓으로 몰아갔다. 둘째, 실상을 감추기 위한 보도 통제를 벌였다. 현실이 어떻든 일단 가리고 보자는 태도는 수치심을 잃은 공무원들의 일상적 반응이다. 셋째, 자화자찬으로 일관했다. SNS 시대에 이런 자화자찬은 오히려 자신들의 품격을 더 떨어뜨릴 뿐이지만, 이들은 전혀 개의치 않았다. 당장의 면피가 더 중요하기 때문이다.

어느 사회든 그 사회가 수치심을 잃었는지를 보여주는 가장 확실한 지표는 공무원들의 태도다. 실패했으면 솔직히 인정하고 대책을 마련하면 될 일을, 끝까지 감추고 변명하기에 급급했다. 그들은 자신들의 존재 이유인 국민을 바라보고 있지 않았다. 그렇다면 그들은 누구를 바라보고 있었을까?

'50억 클럽'
– 법조 권력의 부패와 수치심 실종

　법을 잘 아는 사람은 법망을 교묘하게 빠져나가는 방법도 잘 안다. 법조계 엘리트들 중 일부는 이 사실을 누구보다도 잘 이용한다. 법과 정의를 수호해야 할 사람들이, 자신의 지위와 지식을 이용해 법의 그늘에 숨는 일은 우리 사회의 신뢰를 무너뜨리는 근본적인 위협이다.

　특히나 우리 사회에서 법조인은 상층 엘리트 집단에 속하며, 정치권력이나 자본권력과 긴밀하게 연결돼 있다. 판사, 검사, 변호사 등으로 대표되는 이들 법조계 인사들은 고위 공직자, 대기업, 정치인들과 교류하면서 상호 이익을 주고받는 관계를 형성하고 있다. 이런 구조 속에서 법조인은 더 이상 중립적 판단자가 아니라, 이해관계의 한가운데에 위치하게 된다.

이런 현상은 단순한 비리나 부패의 문제가 아니다. 그 근저에는 수치심의 상실이라는, 더 본질적인 문제가 놓여 있다. 이들은 왜 부끄러움을 느끼지 않을까? 왜 떳떳하지 못한 일을 하고도 아무렇지 않게 다시 공직에 복귀하거나, 방송에 출연하거나, 책을 내며 사회적 명망을 이어갈 수 있는 걸까?

이 질문에 답하려면, 우리는 수치심이라는 감정의 기능에 대해 다시 생각해 볼 필요가 있다. 수치심은 단지 외부의 시선을 의식해서 생기는 감정이 아니다. 그것은 내면의 윤리의식과 깊이 맞닿아 있는 감정이다. 어떤 행위가 부끄러운 일인지 판단하는 데는 개인의 도덕 감수성이 작용한다. 즉, 수치심은 양심과 맞닿아 있는 감정이다.

하지만 사법 엘리트들은 이러한 수치심을 느낄 필요가 없는 구조 속에서 살아간다. 서로의 과오를 눈감아주고, 서로의 이익을 보호해 주는 문화 속에서 수치심은 점점 무감각해진다. 어떤 잘못을 저질러도 법적 책임을 지지 않고, 언론이나 대중의 비판을 일시적으로만 견디면 되는 상황에서는 수치심이 자랄 토대가 없다.

더 큰 문제는 이들이 사회의 윤리적 기준을 실질적으로 설정하는 위치에 있다는 점이다. 판결문 하나, 기소 여부 하나가 사회적 메시지가 되고, 어떤 행위가 용인될 수 있는지를 결정짓는다. 그런 위치에 있는 사람들이 수치심을 잃어버리면, 우리 사회 전체의 윤리 기준이 함께 무너진다.

  수치심은 공동체의 눈으로 나를 바라볼 수 있는 능력이다. 사법 엘리트들이 자신을 공동체의 일원으로 자각하지 못하거나, 공동체로부터 자신을 분리된 존재로 여긴다면, 수치심은 더 이상 작동하지 않는다. 결국, 이들은 법 위에 군림하는 집단이 되고 만다. 공동체 자체가 수치심에 무감각해지면, 더는 그 감정을 자극할 시선조차 사라진다. 우리 모두가 눈을 감는 순간, 수치심은 자취를 감춘다.

  이번 글에서는 바로 이 지점, 즉 수치심과 윤리의식이 사라진 사법 엘리트들의 몰염치에 대해 살펴보려 한다. 여기서는 보다 정서적이고 심리적인 측면에서 그 원인과 결과를 들여다볼 것이다. 그들의 세계에서 수치심이 왜 사라졌는지를 살피는 일은, 우리가 다시 윤리적인 사회를 회복할 수 있는 단서를 얻는 일이기도 하다.

  '곽상도 아들 50억' 사건은, 단순히 정치인의 자녀가 받은 고액 퇴직금 문제로 끝날 사안이 아니다. 이 사건이 사람들의 분노를 자아낸 핵심은 바로 '법을 잘 아는 이들이 법망을 교묘하게 피해 간다는 인식'에 있다.

  곽상도 전 의원은 검사장 출신으로, 이후 청와대 민정수석까지 지낸 인물이다. 그런 인물이 퇴직금 명목으로 아들이 받은 50억 원에 대해 "아들이 열심히 일해서 받은 돈"이라며, 법적 문제는 없다고 항변했다. 실제로 그는 사법적으로 무죄를 선고받았다. 하지만 대다수 시민들의 인식은 달랐다. '법적으로 문제없다'라는 말이 곧 '도덕적으로도 문제가 없다'는 의미는 아니기 때문이다.

박영수 특검과 그 딸의 사례도 마찬가지다. 박 전 특검은 대장동 개발과 관련해 화천대유 고문으로 이름을 올렸고, 그의 딸은 회사가 보유하던 대장동 내 아파트 한 채를 시세보다 두드러지게 낮은 가격에 분양받은 것으로 알려졌다. 게다가 박영수 본인도 고문료 명목으로 상당한 금액을 수령한 사실이 드러나면서, 공정성과 도덕성에 대한 비판이 쏟아졌다. 특검이라는 자리의 무게를 생각하면 그 여파는 더욱 컸다.

두 사건은 공통적으로 '법을 집행하거나 설계하던 이들이 권력에서 물러난 뒤, 그 법의 빈틈을 활용해 이익을 얻는다'라는 국민적 의혹을 불러일으켰다. 비록 법적 처벌을 피했을지라도, 이들의 행동이 우리 사회에 남긴 것은 '공정의 실종'과 '수치심의 마비'였다. 많은 이들이 느끼는 박탈감은 단지 금전적 문제 때문이 아니다. "이렇게 해도 되는 거라면, 그간 법을 지킨 우리는 바보였던 것인가"라는 자조가 뒤따르기 때문이다.

그들이 내세운 '법적 무결함'은 어쩌면 더 큰 문제다. 법조인 출신이기에, 누가 문제 삼을 수 없는 방식으로 경계를 넘나드는 능력. 그것이 바로 수치심의 실종이 낳은 가장 교묘한 형태다. 단지 법을 어겼느냐가 아니라, 법의 권위를 내부에서 허무는 '무형의 죄'에 대해 우리는 어떤 감각을 가져야 할까.

3장
수치심은 어떻게 붕괴되었나

권력과
수치심의 이혼

수치심은 인간이 타인과 더불어 살아가는 사회적 존재임을 가장 분명하게 드러내는 감정이다. 우리가 혼자 있을 때는 아무렇지 않던 일도, 누군가의 시선이 닿는 순간 갑작스레 부끄러워지는 경험을 하곤 한다. 이는 단순히 외부의 시선에 대한 반응이 아니라, 그 시선을 내면화한 결과다. 사회는 이 감정을 통해 우리를 통제하고, 우리는 그 감정을 통해 스스로를 돌아본다. 그러나 어느 순간부터 한국 사회의 중요한 권력자들은 이 수치심을 더 이상 느끼지 않게 되었다. 느끼지 않는 정도를 넘어, 오히려 수치심 없는 태도가 능력처럼 여겨지는 시대가 된 것이다.

수치심을 잃은 사회는 위험하다. 잘못을 저지르고도 아무렇지 않게 권력을 유지하며, 거짓말을 하고도 뻔뻔하게 고개를 들 수 있다. 법은 느리고, 감시는 제한적이며, 언론의 감시 기능마저 마비되었을 때, 그 모든 공백을 채워주는 것이 바로 수치심이다. 그러나 그 마지막 자정 장치마저 무너질 때, 우리는 '부끄러움을 모르는 권력'이라는 괴물을 마주하게 된다. 문제는 이 괴물이 더 이상 예외적인 존재가 아니라는 것이다.

1장과 2장에서 수치심이라는 감정이 어떻게 작동하며, 왜 그것이 공동체 윤리의 핵심인지를 사회심리학적·철학적 관점에서 살펴보았다. 또한 수치심이 사회 각 분야에서 어떻게 사라져 가고 있는지, 그리고 그로 인해 어떤 일이 벌어지고 있는지를 다양한 사례를 통해 구체적으로 조망했다.

이번 장에서는 수치심의 죽음이 어떻게 이루어졌는지 그 과정을 살펴보려고 한다. 아울러 그 수치심의 죽음이 더 이상 '개인의 문제'가 아닌, '권력의 구조'에 깊이 새겨진 집단적 병리 현상임을 확인하려 한다. 3장은 바로 그 구조적 문제의 실체를 파헤치는 여정이다. 단순히 어느 한 정권의 잘잘못을 따지려는 것이 아니다. 권력을 쥔 자들이 어떻게 부끄러움을 제거했으며, 그 감정의 부재가 어떻게 정치를 병들게 하고, 행정을 타락시키며, 사회 전체의 도덕 기준을 무너뜨렸는지를 정권별로 되짚어보고자 한다.

이명박 정권은 수치심을 '비효율'로 간주했고, 문재인 정권은 '도덕'을 내세우면서도 자기모순적인 행태를 반복했다. 윤석열 정권에 이르러서는 아예 수치심 자체를 의식하지 않는, 총체적인 도덕 붕괴의 국면에 진입하게 된다. 각 정권은 저마다의 방식으로 수치심을 외면했지만, 그로 인해 한국 사회가 치르게 된 대가는 놀라울 정도로 닮아있다.

수치심은 어느 날 갑자기 사라지지 않는다. 그것은 무수한 선택과 판단의 누적이며, 한 번의 침묵, 한 번의 외면, 한 번의 자기합리화가 쌓이고 쌓여 감각 자체가 마비된 결과다. 그래서 더 끔찍한 것은, 수치심을 잃은 사회는 그 상실 자체를 '문제'로 인식하지 못하게 된다는 것이다. 그리고 바로 그 순간, 공동체는 돌이킬 수 없는 경계선을 넘는다.

이제 우리는 다음의 질문을 던져야 한다.

"도대체 언제부터, 어떻게 수치심은 권력의 영역에서 사라졌는가?"

"누가, 어떤 방식으로 그것을 제거해 왔는가?"

"그리고 우리는 지금 어디까지 무너졌는가?"

이번 장은 그 질문들에 대한 답을 찾아가는 출발점이다. 이제, 우리는 권력이 어떻게 수치심을 제거해 왔는지, 그 추악한 변천사를 함께 마주 보려 한다.

이명박 정권
– 통치의 효율 앞에 사라진 수치심

   이명박의 당선은 과거의 불법과 부도덕도 충분히 세탁 가능하다는 신호를 사회 전반에 던졌다. 그는 "성공한 사람"이었고, "경제를 살릴 사람"으로 받아들여졌다. 전과 14범이라는 이력은 문제가 되지 않았다. 이는 도덕보다 성과, 정의보다 실리를 중시하는 분위기를 만들었다. 이때부터 우리 사회에서 부끄러움은 성공을 가로막는 장애물로 여겨지기 시작했다. '먹고 사는 문제'가 도덕의 자리를 밀어낸 것이다.

   이명박 정권은 효율성과 실용을 내세웠지만, 그 과정에서 최소한의 민주주의적 절차와 도덕적 감수성마저 희생시켰다. '하면 된다'라는 표어 아래, 권력은 수치심을 경계로 삼지 않았다. 국민의 시선은 때때로 '괴담'으로, 비판은 '비생산적인 저항'으로 치부되었고, 그에 따라 권력은 점차 투명성과 책임감을 잃어갔다. 이 시기에 형성된 기류는 이후 정권들에게도 부정적 유산으로 남았다.

가장 상징적인 장면은 광우병 촛불집회였다. 국민의 건강과 안전에 대한 불안을 '괴담'으로 규정하고, 수십만 시민의 촛불을 경찰 병력으로 진압했다. 물대포가 사람을 쓰러뜨리고 차벽이 도심을 봉쇄했을 때, 그 누구도 부끄러워하지 않았다. 도리어 정부는 이 사태의 원인을 국민 탓으로 돌렸다. 소통은 없었고, 사과는커녕 자성조차 없었다. 권력은 국민과의 관계를 '설득'이 아닌 '통제'로 대체하려 했고, 그 과정에서 신뢰는 깊게 훼손되었다.

그다음은 4대강 사업이었다. 전문가들의 경고, 시민단체의 반대, 생태계 파괴에 대한 우려가 쏟아졌지만, 정권은 이를 '반대를 위한 반대'로 치부했다. 막대한 세금이 강바닥을 파는 데 쓰였고, 댐과 보가 세워졌지만 그 결과는 예측 가능했던 실패였다. 물은 흐르지 않고 강은 죽어갔다. 하지만 그 누구도 책임을 지지 않았다. 심지어 감사원의 수차례 지적에도 정권은 꿈쩍하지 않았다. 실책 앞에서도 수치심은 작동하지 않았다. 이 사업은 이후에도 되풀이되는 개발 독주의 원형이 되었고, 행정의 윤리적 기준을 심각하게 훼손시켰다.

언론 역시 예외가 아니었다. 정권은 미디어법을 날치기 통과시켜 방송을 대기업과 보수 언론에 넘겼고, 비판적인 기자와 PD들은 해직되거나 교체되었다. 공영방송은 점차 정권의 목소리를 대변하는 도구가 되었고, 표현의 자유는 억압받았다. 언론이 권력의 거울이어야 한다면, 이 시기의 언론은 그저 권력의 확성기였다. 언론의 감시 기능이 마비되자 권력의 무책임은 더욱 심해졌다. 민주주의는 언론의 자유 위에 서 있는 제도이며, 이 자유가 침해될 때 권력은 독단적으로 흐르기 쉽다.

그리고 결정적인 사건, 바로 민간인 불법 사찰이다. 정권에 비판적인 인사들, 노동운동가, 일반 공무원 가족까지 사찰 대상이 되었다. 그것은 국민을 '관리' 대상으로 전락시킨 상징적 사건이었다. 공권력은 시민의 신뢰 대신 정권의 안위를 위해 움직였고, 그 책임자들은 법망을 벗어났다. 다시 한번, 사과는 없었다. 이 사건은 '감시받지 않는 권력'이 어떻게 타락하는지를 보여주는 대표적인 사례였다. 그 과정에서 수치심은 다시 한번 철저히 배제되었다.

이명박 정부 시절에는 민간과 공직을 막론하고 불법, 비리 행위가 급증했다. 이명박 정부가 고위 공직자들의 불법과 탈법 전력에 유난히 관대했던 탓이다. 그 결과, 이명박 정부 들어서 고위 공직자의 도덕성 수준은 현저하게 낮아졌다. 위장 전입·병역면제·투기·탈세가 이명박 정부 고위 공직자들의 '4대 필수 과목'이라는 말이 있을 정도였다. 고위 공직은 더 이상 공공성과 봉사의 상징이 아니었고, 사익을 위한 전략적 자리로 인식되기 시작했다. 이명박 정부는 대통령 본인부터 장관에 이르기까지 위장 전입, 부동산 투기, 석연찮은 병역면제 등에서 자유로운 경우를 찾기 어려웠다. 하지만 이런 인사들이 버젓이 자리를 지키고 있는 현실은 국민에게 좌절감을 안겨주었다. 이전 정부였던 노무현 정부에서는 위장 전입 문제 하나로 낙마하는 후보자들이 많았는데, 이명박 정부는 아예 위장 전입을 문제 삼지 않았다. 병역 비리는 물론 군납 비리까지 드러났지만, 임명 직전까지 갔다가 탈락하는 일도 벌어지기도 했다. 권력은 도덕적 기준을 재설정했고, 그 기준은 끊임없이 낮아졌다.

이명박은 대통령으로서 국민과의 소통을 중요시하지 않았고, 독단적인 의사결정을 한다는 비판을 임기 초부터 받았다. 이명박 대통령은 취임 3년 동안 단 한 차례도 공식적인 신년 기자회견을 열지 않았다. 대신 방송 3사와 함께하는 신년 대담을 가졌지만, 이는 국민과의 진정한 소통이 될 수 없었다. 처음부터 끝까지 청와대가 기획·제작한 짜여진 각본이었기 때문이다. 이러한 '기획 소통'은 정권의 통제욕만 드러낼 뿐이었다. 취임 3년 동안 기자회견이라고 이름 붙인 행사를 20여 차례 갖기는 했지만, 그것들은 의례적인 회견이거나 정부 치적에 관한 홍보성 행사였다. 그나마 질문조차도 주제를 한정하거나, 정해진 틀에서 벗어나면 질문을 받지 않거나 듣지 않은 것으로 처리해 버렸다. 질문은 있었지만, 제대로 된 대답은 없었다. 이것은 '보고 듣는 정부'가 아니라, '말만 하는 정부'였고, 그 말조차 일방적이었다.

이명박 정부는 '수치심'이라는 감정을 권력자의 사전에서 지워 버렸다. 그들은 국민의 시선을 두려워하지 않았고, 권력 남용 앞에서 양심의 소리를 듣지 않았다. 효율이라는 이름으로, 실용이라는 명분으로 수치심은 정권의 가장 낮은 곳으로 밀려나 있었다. 그리고 이 문화는 이후에도 정치 전반에 깊은 그림자를 드리웠다. 수치심이 사라진 정치는 더 이상 시민의 삶을 돌아보지 않고, 오직 권력의 생존만을 목표로 삼게 된다. 이명박 정부는 그 전환점이었다.

문재인 정권
- 선한 얼굴 뒤에 숨은 위선과 내로남불

　문재인 정권은 많은 이들의 기대와는 정반대의 모습으로 귀결된 정권이었다. 정권 출범 전, 비 오는 날 우산을 들고 1인 시위하던 문재인 대통령의 모습은 사람들에게 깊은 인상을 남겼고, 이번에는 정말 검찰 개혁이 이루어질 것이라는 기대를 품게 했다.

　그러나 실제 정권이 출범한 뒤, 그 흐름은 기대와는 전혀 달랐다. 개혁은 정권 초기에, 권력이 집중되어 있을 때 단행해야 한다는 것은 정치에 문외한인 사람들도 아는 상식이다. 개혁을 하려면 개혁 대상의 힘을 빼는 것이 우선인데, 문재인 정권은 오히려 검찰의 손을 들어주며 적폐 청산의 선봉에 세웠다. 그 순간, 이미 많은 국민은 '검찰 개혁은 구호일 뿐 결국 실패하겠구나'라고 직감했을 것이다.

결과는 예상대로였다. 5년의 세월 동안 검찰 개혁은 구체적인 진전을 이루지 못했고, 오히려 정권은 검찰을 철저히 '활용'했다. 여당이 180석이라는 압도적 의석을 갖고 있었던 만큼, 하려면 못 할 것이 없는 상황이었음에도 불구하고, 실제 이뤄진 것은 거의 없었다. 국민의 시선에는 허울뿐인 '공수처(고위공직자범죄수사처)' 하나가 전부였고, 그마저도 실효성은 의심스러웠다.

결국 문재인 정권이 말한 검찰 개혁은 국민이 원하던 공정하고 독립적인 검찰을 만드는 것이 아니었다. 자신들의 말에 잘 따르는 '순종적인 검찰'을 만드는 것이 목표였음이 드러났다. 윤석열 검찰총장을 임명한 뒤, 그가 살아 있는 권력에 칼을 들이대자마자 '배신자'로 몰고 제거하려 했던 정권의 태도는 이를 분명히 보여준다. 법무부는 독립적인 기관이 아니라 충성도를 따지는 조직으로 변질되었고, 검찰 개혁은 권력 유지를 위한 도구로 전락했다.

가장 결정적인 순간은 '검수완박' 법안이었다. 정권이 자신들의 필요에 따라 불과 30일 만에 법안을 밀어붙였다. 이것은 "검찰 개혁을 못 한 게 아니라 안 했던 것"이라는 시중의 시각을 확인시켜 주었다. 문재인 정권은 촛불 시민의 열망 위에 탄생했다. 박근혜 정권의 국정 농단에 분노한 국민들은 "이게 나라냐?"라는 물음을 던졌고, 문재인은 그에 대한 대답처럼 등장했다. '사람이 먼저다', '기회는 평등, 과정은 공정, 결과는 정의'라는 구호는 새로운 시대의 상징처럼 여겨졌다. 국민은 이 정권이 도덕적으로도 완벽하다고 믿었다. 하지만 5년이 지나고, 사람들은 다시 같은 질문을 반복하게 되었다. "이게 나라냐?"

가장 실망스러웠던 부분 중 하나는 부동산 정책이었다. '투기와의 전쟁'을 선포했지만, 결과는 정반대였다. 수도권 아파트 가격은 폭등했고, 집을 사지 못한 사람들은 절망에 빠졌으며, 다주택자들은 조용히 웃었다. 문제는 정책을 설계하고 집행하던 이들조차 이중적인 태도를 보였다는 점이다. 정책실장은 임대차 3법 발표 직전에 본인의 전셋값을 인상했고, 여당 인사들은 수십억 원대의 부동산을 보유하고 있었다. '서민을 위한 정책'은 결국 자신들을 위한 이익 창출의 수단이 되었던 셈이다. 문재인 정부는 특정 지역의 아파트 값을 집중적으로 올려 계층 간 위화감을 조장했고, 이로 인해 국민 다수가 '집값의 노예'가 되었다. 그럼에도 정권은 집값 폭등을 외부 탓으로 돌리며, "코로나와 미국의 달러 공급이 원인"이라는 설명을 반복했다. 그러나 실제로 우리나라의 집값은 미국의 유동성 공급 이전부터 오르기 시작했고, 문제의 본질은 무능한 정책 결정과 잘못된 인사에 있었다. 주택 정책을 책임져야 할 자리에 문외한을 앉히는 등 정권의 무책임한 행태는 국민을 더욱 분노하게 했다.

가장 황당한 순간은 대통령의 발언이었다. 한 방송에서 "대부분의 기간 동안 부동산 가격을 잡아 왔고, 전국적으로는 오히려 하락했다"는 발언은 현실 인식의 심각한 왜곡을 보여주었다. 이를 본 국민은 충격에 빠졌고, 심지어 지지자들마저도 동요했다. 온라인 커뮤니티에는 "집값을 3억에서 10억 만들더니 9억 됐다고 안정세라니", "남은 임기 동안 아무것도 하지 말아달라"는 비판이 쏟아졌다.

문재인 정권의 가장 뚜렷한 특징은 '내로남불'이었다. 전 정권에 대해 가혹한 잣대를 들이대던 인사들이 정작 자신들의 불법과 비리에는 침묵하거나 변명으로 일관했다. 공정과 정의는 오직 타인을 겨누는 무기로만 작동했고, 자신들에게는 관대했다.

조국 사태는 그 상징적인 사례다. 공정과 정의를 외치던 조국은 가족과 관련된 각종 의혹 – 입시 비리, 사모 펀드, 위조 문제 등 – 으로 인해 국민에게 충격을 안겼고, 특히 청년 세대에게는 큰 배신감을 안겼다. 그럼에도 대통령은 "마음의 빚이 있다"며 임명을 강행했고, 이로 인해 정권의 도덕성은 크게 훼손되었다. 윤미향 사건 역시 '정의'라는 가면 아래 이루어진 권력형 이익 추구의 전형이었다. 위안부 피해자 운동의 정당성은 이용당했고, 회계 부정, 기부금 유용, 피해자들과의 갈등이 불거졌음에도 불구하고 정권은 오랫동안 침묵하거나 비판 세력을 공격하기까지 했다. '정의'는 결국 사익을 위한 명분으로 전락했다.

언론에 대해서도 이중적인 태도를 보였다. 비판 언론에는 '기레기'라는 프레임을 씌워 공격했고, 반면 친정권 유튜브 채널이나 언론은 암묵적으로 후원했다. 언론의 자유를 외치던 이들이 자신들에게 불리한 보도는 '가짜 뉴스'로 몰아갔다.

청와대 인사 문제도 마찬가지였다. "도덕적으로 완벽한 정권"이라 자평했지만, 위장 전입, 병역 비리, 부동산 투기 의혹은 끊이지 않았다. 그럼에도 기준이 '너무 엄격하다'는 해명을 내놓으며, 오히려 국민을 탓했다. 과거 노무현 정부에서는 낙마할 만한 수준의 의혹들이 이 정권에서는 통과되기 일쑤였다. 문재인 정권은 인사청문회를 사실상 무력화시켰고, 그로 인해 우리 사회의 수치심 기준마저 뚝 떨어졌다. 이전까지는 청문회가 최소한의 검증 기능이라도 했지만, 이 정권 들어서는 그마저도 무시되었고, 부끄러움을 모르는 사회로의 전환이 가속화되었다.

윤석열 정권
– 수치심의 총체적 붕괴

윤석열 정권은 이미 무너진 수치심의 토대 위에 세워진 권력이었다. 이 정권의 특징 중 하나는 더 이상 수치심을 감추려 하지도 않았고, 부끄러움이라는 감정 자체를 의식하지도 않았다는 점이다. 공직자들의 무책임한 처신과 언행 불일치, 도덕적 일탈이 매일 같이 드러나도, 그 누구도 이를 부끄러워하거나 책임지려 하지 않았다. 정치와 공적 윤리는 철저히 분리되었고, 수치심은 더 이상 공공의 윤리가 아닌 정치적 유불리의 계산 대상으로 전락했다. "그들도 그랬다"라는 비교 논리는 모든 비판을 무력화시키는 알리바이가 되었고, 그 결과 이 정권의 도덕적 기준은 사실상 실종되었다.

검찰 공화국의 민낯

윤석열 정부는 권력 기관뿐 아니라 일반 행정 부처에도 검찰 출신 인사를 대거 임명함으로써, 출범 초기부터 '검찰 공화국'이라는 비판에 직면했다. 대통령실, 국무조정실, 법무부, 공정거래위원회, 국세청, 금융감독원 등 주요 기관은 물론, 검찰과 무관한 영역에까지 검찰 출신이 포진했다. 이러한 인사 편중은 여러 문제를 낳았다. 우선, 정책 결정 과정에서 다양성과 전문성이 현저히 결여될 수밖에 없었다. 법률적 시각에 치우친 인물들이 모든 사안을 판단하게 되면, 문제 해결보다 수사와 처벌이 우선되는 왜곡된 행정이 자리 잡을 수밖에 없었다.

2023년 기준, 윤석열 정부 내에는 검사 117명을 포함해 총 136명의 검찰 출신 인사가 주요 보직을 차지하고 있었다. 공공기관장 및 상임·비상임 임원으로 임명된 경우도 최소 29명에 달했으며, 정부 100대 요직 가운데 11명이 검찰 출신이었다. 이는 단순한 우연이라기보다, 대통령 개인의 인적 기반과 통치 철학이 반영된 결과였다.

끝나지 않는 전 정권 탓

윤석열 정부의 또 다른 특징은 임기 내내 거의 모든 문제의 원인을 '전 정권'에 돌렸다는 점이다. 북한의 도발, 외교 정책의 난맥, 경제의 어려움, 심지어 윤석열 정부의 지지율 하락에 이르기까지, 모든 원인은 문재인 정부였다. 미국의 인플레이션 감축법[IRA] 통과 역시, 문재인 정부의 '친중 반미' 외교 노선 탓으로 돌렸다. 경제부총리는 한국 경제의 어려움을 설명하며 대외 환경과 함께 전 정권의 '비정상적 정책'을 지목했다.

그러나 정작 윤석열 대통령 자신도 문재인 정부가 임명한 검찰총장이었으며, 이 정권의 주요 인사들 또한 대부분 전 정권하에서 공직을 수행한 경력을 가지고 있었다. 이는 그들의 책임 회피 논리가 자기모순에 빠져 있음을 명확하게 보여주었다.

윤석열 정부는 2022년 대선 당시 '공정'과 '법과 원칙'을 핵심 가치로 내세웠다. 그러나 전 정권 탓만을 반복하는 행태는 이 가치들과 명백히 배치되었다. 공정은 책임을 회피하는 것이 아니라, 책임을 감내하는 데서 시작된다.

김건희 리스크

국민적 분노를 가장 크게 자극한 인물은 김건희 여사였다. 김 여사는 정권 출범 전부터 허위 경력 기재, 논문 표절, 도이치모터스 주가 조작 의혹 등 다양한 논란에 휘말려 있었다. 그럼에도 대통령이 된 윤석열은 공적인 해명 대신 침묵으로 일관했고, 검찰 역시 단 한 차례의 소환 조사나 기소 없이 사건을 사실상 덮었다. 김 여사는 대통령 당선 직후 "조용히 내조하겠다"라고 약속했지만, 실제로는 그렇지 못했다. 정권의 인사나 정책이 납득되지 않을 때면 "김건희 여사가 개입한 것 아니냐"는 말이 자연스럽게 나올 정도였고, 이는 정권의 심각한 불투명성을 보여주는 상징이 되었다. 2023년 11월에는 김 여사가 명품 브랜드 디올의 고가 가방을 받았다는 의혹이 제기되었다. 그러나 대통령과 영부인은 이에 대한 해명은커녕 침묵으로 일관했다. 한 나라의 영부인이 청탁성 선물 수수 의혹에 휘말렸음에도 공적인 설명이 전혀 없었다는 것은, 민주주의의 기본적인 책임 윤리를 훼손하는 일이었다. 무속과 비선 논란도 빼놓을 수 없다. 김 여사는 이른바 '천공, 건진 법사' 등의 무속인들과 연관되어 있다는 의혹을 받았고, 이들의 존재는 국정 전반에 그림자를 드리웠다. 무속인의 이름이 국가 정치의 전면에 등장한다는 것은, 그 자체로 헌정 질서의 위기를 의미한다.

김건희 여사와 그 일가의 정치적 영향력은 단순히 가족 내 권력의 확장이 아니라, 정부의 정책 결정과 관련된 논란을 일으켰다. 김건희 여사는 윤석열 대통령의 정치적 입지를 지원하는 주요 인물로 등장하면서, 그와 관련된 다양한 의혹이 쏟아져 나왔다. 특히 김건희의 사업적 연계와 그가 관여한 여러 기업들의 이익 충돌 문제는 심각한 논란을 일으켰다. 그는 여전히 사업가로서의 활동을 이어가며 정치와 경제의 경계를 허물고 있는 상황에서, 국민들이 신뢰를 잃게 만들었다. 이와 함께 김건희 여사의 가족들이 직간접적으로 영향력을 행사하면서 권력 남용에 대한 우려와 비판이 제기되었다. 정부 정책이 김건희 여사와 그의 가족의 이익을 우선시한다는 인식이 퍼져나가면서, 이는 국민들의 정치적 불신을 증대시키는 결과를 낳았다.

탄핵 단행
- 헌정 질서 회복의 시도

이러한 일련의 사태들은 단순한 정치적 갈등을 넘어, 헌법 질서의 훼손이라는 심각한 문제로 이어졌다. 반복되는 불법과 무책임, 대통령 본인은 물론 영부인까지 포함한 권력 핵심부의 사적인 행태는 국민의 분노를 일으키고 시민 사회의 거센 저항을 불러일으

컸다.

 헌법은 대통령이 헌법이나 법률을 위반했을 경우, 국회가 탄핵을 소추할 수 있도록 명시하고 있다. 결국 윤석열 대통령에 대한 탄핵은 단순한 정권 교체를 넘어서, 민주주의 최후의 방어선으로서 헌정 질서를 바로잡기 위한 불가피한 선택으로 단행되었다. 이는 헌법 정신을 수호하고, 권력 남용에 대한 국민적 심판을 실현한 중대한 헌정적 사건이었다. 물론 탄핵은 '비상계엄 선포'라는 희대의 자충수가 원인이었지만 탄핵의 토양은 이미 마련되어 있었다.

 2024년 12월 3일, 윤석열 대통령은 비상계엄을 선포했다. 계엄군은 헬기를 이용해 국회에 진입했고, 일부 야당 의원들의 출입이 통제되면서 계엄 해제를 위한 국회 의결이 지연됐다. 계엄령 선포 직후 윤 대통령이 일부 여당 의원들과 통화한 정황도 뒤늦게 드러났다.

 윤석열은 비상계엄 선포 담화에서 "종북 반국가 세력을 일거에 척결하고 자유 헌정질서를 지키기 위해서 비상계엄을 선포한다"라고 말했다. 국회와 지방의회의 활동을 포함해 모든 정치 활동이 금지되었으며 언론의 자유도 정지한다는 내용이 비상계엄 포고령에 포함되어 있었다. 비상계엄 포고령이 반포되기 전 선거관리위원회에 계엄군이 투입되었으며, 한국예술종합학교 등의 공공기관이 폐쇄되었다. 계엄령이 반포된 직후 모든 정당이 계엄령에 대해 반대를 표했으며, 12월 4일 새벽 1시경, 국회에 있던 의원들은 계엄군의 방해에도 불구하고 만장일치로 계엄령 해제 결의안을 통과시켰다. 이후 윤석열은 12월 4일 오전 4시 30분에 열린 국무회의에서 계엄령을 해제하고 계엄사령부를 해체했다.

계엄이 해제된 후 윤석열 대통령은 각계에서 퇴진하라는 압력을 받았다. 계엄이 해제된 당일인 12월 4일 야당 의원 190명이 탄핵안을 발의했으나, 12월 7일 표결이 시작되기 전 국민의힘 국회의원들이 집단으로 본회의장을 빠져나가면서 탄핵안이 무산되었다. 이후 야당이 12월 12일 다시 발의한 탄핵안이 12월 14일 통과되었다. 2025년 4월 4일 오전 11시 22분, 헌법재판소는 재판관 8인 전원의 일치된 의견으로 파면 결정을 내렸다.

이후 윤 전 대통령과 김용현 전 국방부 장관, 군 주요 지휘관 등이 내란 혐의로 기소되며 본격적인 수사와 재판이 이어지고 있다. 더불어민주당은 검찰 수사만으로는 의사결정 구조와 책임을 충분히 밝히기 어렵다고 보고 특검을 추진했다. 기존 수사가 지지부진하고 수사 범위가 제한적이라는 점에서, 국회의 권한으로 임명되는 독립적 특검을 통해 정치적 중립성과 국민적 신뢰를 확보하겠다는 입장이다.

윤석열은 계엄을 일으킨 원인으로 계엄 선포 당시에는 국회의 여러 차례 탄핵 시도와 예산안 삭감을 이유로 들었지만, 이후에는 선거관리위원회가 침투당해 국회의원 선거에서 부정 선거가 일어났다는 음모론을 이유로 들었다. 이러한 것들은 억지로 짜맞춘 이유일 뿐, 윤석열이 비상계엄을 선포한 직접적인 이유는 그 누구도 모른다. 측근 중의 측근이라고 할 수 있는 권성동 의원조차 자기도 모른다고 할 정도이니 말이다. 다들 김건희 여사와 관련이 있을 것이라고 추측할 뿐이다. 진짜 이유는 아마 내란 특검에서나 밝혀질지 모른다.

수치심 붕괴의 극단적 형태

그러나 탄핵이 단행되었음에도 불구하고, 윤석열 정권이 보여준 수치심의 붕괴 양상은 한국 정치사에 깊은 상처를 남겼다. 윤석열 정권은 현재로서는 한국 현대 정치사에서 수치심의 붕괴가 가장 극단적인 형태로 드러난 사례로 기록될 가능성이 크다. 이전 정권들 역시 수치심의 상실을 보여준 일이 적지 않았으나, 최소한 '수치'라는 개념 자체는 여전히 통용되는 질서로서 유지되었다. 그러나 윤석열 정권에서는 수치가 더 이상 정치적 판단의 기준으로 작동하지 않았다. 법치의 형식을 빌려 보복 정치를 정당화하고, 헌법과 민주주의 원칙을 권력 유지를 위한 수단으로 전락시켰으며, 공정과 상식을 표방한 구호는 정치적 반대자를 제거하기 위한 명분으로만 남았다.

이와 함께, 그간 윤석열 정권은 검찰을 사유화하고, 반대자를 향한 전방위적 수사를 통해 정치 보복을 지속해 왔다. 유력 야당 대표에 대한 체포동의안 시도, 전직 정부 인사에 대한 일괄적 기소, 사법기관의 동원은 마치 검찰이 정치의 병참기지처럼 기능하는 시대를 연 듯했다. 이 모든 과정에서 정권은 한 치의 수치도 보이지 않았다. 자신들의 행위에 대해 부끄러움을 느끼기는커녕, 그것을 '정의 구현'이라 포장했다.

민생에 대한 무관심, 언론에 대한 탄압, 검찰 공화국의 구축, 그리고 마침내 계엄령 검토에 이르기까지. 이 정권은 국민의 눈치를 보지 않았고, 윤리적 자제력조차 기대할 수 없었다. 수치심의 총체적 붕괴란 이런 것이다. 더 이상 얼굴을 붉히는 일도, 비판 앞에서 움찔하는 일도 없는 권력. 윤석열 정권은 대한민국 정치사에 수치심이라는 윤리적 기제가 완전히 해체된 사례로 기록될 것이다.

윤석열 정권은 한국 정치사에서 수치심이라는 개념이 거의 완전히 실종된 정권이었다. 정치란 최소한의 양심과 부끄러움 위에 서 있어야 하는데, 이 정권은 그것마저 벗어던졌다. 국민 앞에서 실책을 인정하고 고개 숙이는 대신 실책을 부정하고, 책임을 떠넘기며, 뻔뻔함을 미덕인 양 내세웠다. 이런 모습이 반복되면서 '정치적 수치심'이라는 마지막 보루마저 무너져내렸다.

　그 와중에 민생은 뒷전이 되었고, 정책은 일관성 없이 흔들렸다. 물가, 부동산, 외교, 교육 그 어느 하나도 국민의 피부에 와닿는 진정성 있는 접근이 보이지 않았다. 그런데도 이 정권은 실정을 인정하거나 유감을 표명하기는커녕, "우리가 옳다", "비판은 선동이다"라는 태도를 유지해 왔다. 이는 단순한 자존심의 문제가 아니다. 국가권력을 가진 집단이 수치심을 느끼지 못할 때, 그들은 자신들의 행위를 스스로 반성하지 않게 되고 결국 국민을 얕보게 된다.

　윤석열 대통령은 국민 앞에서 사과한 적이 거의 없었다. 몇 차례 있었던 '유감' 표명조차도 정치적 압박에 떠밀려 나온 형식적인 발언이었다. 실언과 망언이 언론을 장식해도, 정권은 언론을 탓하거나 '가짜 뉴스'라 몰아붙이며 회피해왔다. 이는 단순한 미숙함이나 무능이 아니라, 수치심 자체를 정치의 문법에서 제거한 것에 가깝다.

　윤석열 정권의 가장 심각한 문제 중 하나는 소통을 권력의 양해가 필요한 특권처럼 다루는 태도였다. 국민과의 소통은 단순한 전달이 아니라, 비판을 수용하고 책임지는 자세에서 출발한다. 하지만 이 정권은 비판을 '공격'으로 간주하고, 반론을 '선동'이라 단정하며, 합리적 이견조차 적대시하는 습성을 드러냈다.

비판 앞에서 겸허하지 못한 권력은, 점점 더 외부에 대한 감수성을 상실하게 된다. 윤석열은 기자 질문에 노골적으로 불쾌함을 드러내는 모습을 여러 차례 보여주었다. 이는 단순한 성격 문제가 아니라, 정치적 태도의 반영이다. 국가 운영의 책임자라면 듣기 싫은 말일수록 더 귀담아들어야 하고 감정을 절제해야 하지만, 이 정권은 그 반대로 움직였다.

이처럼 비판을 용납하지 못하고 감정적으로 맞서는 권력은 필연적으로 고립되고, 오만해지며, 국민과의 신뢰를 잃는다. 윤석열 정부는 이런 악순환을 이미 겪고 있었음에도, 이를 자각하지 못했다. 아니, 자각할 수 있을 만큼의 수치심도 남아 있지 않은 듯하다.

그 결과, 우리는 지금 수치심이 능력이 되고, 뻔뻔함이 전략이 되는 시대를 살고 있다. 윤석열 정권은 그 중심에 서 있었다. 대통령이 먼저 수치심을 잃고, 그 아래 있는 권력자들이 그를 따라갔다. 이것은 단지 개인의 문제가 아니라, 국가의 윤리적 구조가 붕괴되고 있다는 신호였다.

수치심 이후,
우리는 어디로 가야 하는가

 세 정권을 거치며 우리는 수치심이라는 감각이 어떻게 공적 삶에서 무너져 내리는지를 목격했다. 이명박 정권에서는 뻔뻔한 탐욕이, 문재인 정권에서는 기만에 찬 위선이, 윤석열 정권에서는 수치심의 완벽한 부정이 이어졌다. 권력은 잘못을 감추거나 책임을 회피하는 데 익숙해졌고, 국민은 분노하거나 체념하다가 점차 무감각해졌다.

 공직자들이 부끄러움을 모르는 것은 단지 성격의 문제가 아니다. 그것은 우리 사회의 윤리 시스템이 작동하지 않고 있다는 증거다. 수치심은 사회가 개인에게 부여하는 최소한의 도덕적 경계였고, 그 경계가 무너졌을 때 우리는 '무엇이 부끄러운가?'조차 말할 수 없는 상태에 도달한다. 이른바 '도덕적 언어 상실증'에 빠진 사회다.

사람들은 말한다. "정치는 원래 그런 것 아니냐"고. 하지만 그렇게 체념하는 순간, 우리는 더 나쁜 것을 받아들일 준비를 하는 것이다. 수치심은 감정이 아니다. 그것은 감시되고 있다는 의식에서 비롯되는 자의식이며, 스스로의 행동이 공동체의 눈에 어떻게 비칠지를 고려하는 윤리적 반응이다. 부끄러움을 느낄 줄 안다는 것은, 최소한 자신이 공동체 안에 속해 있다는 것을 전제한다.

그렇다면 왜 이토록 많은 사람들이 부끄러움을 모른 채 권력을 휘두를 수 있었는가? 왜 우리는 '부끄러움'을 더 이상 기대하지 않게 되었는가?

그들이 너무 강해서가 아니다. 우리가 수치심을 무시해도 되는 '결과 없는 사회'를 용인했기 때문이다. 비리를 저질러도 선거에서 승리하고, 위선이 드러나도 대의의 이름으로 포장되며, 무능조차 '진영'이라는 울타리 안에서 용서된다. 결과는 뻔하다. 수치심 없는 이들이 승리하고, 수치심을 지닌 자들은 퇴장한다.

수치심이 사라진 사회는 끝없이 허용하는 사회다. 부정과 불의가 반복되어도 그것이 뉴스가 되지 않는 사회, 무엇이 잘못인지조차 설명되지 않는 사회. 결국 진실은 조롱당하고, 도덕은 구시대의 유물이 된다. 어느 순간 우리는 상대를 비판하면서도, 같은 행위를 내 편이 할 경우에는 입을 다문다. 이중잣대는 수치심의 가장 큰 적이다.

정치인을 바꾸는 것만으로는 충분하지 않다. 기준을 바꿔야 한다. 수치심은 감정이 아니라 공적 윤리의 기준이다. 다시 말해, 우리는 '권력을 가진 자가 최소한의 부끄러움은 느낄 줄 알아야 한다'는 전제를 회복해야 한다. 이 기준이 무너지면, 공적 규범은 사라지고 권력은 언제나 '합법'이라는 이름으로 자신을 정당화할 것이다.

기준은 법이 아니라 시민이 만든다. 법이 빠르게 정의하지 못하는 영역에서, 공동체의 감각은 임시 윤리로 작동해 왔다. 그 임시 윤리가 바로 수치심이었다. 법이 판단하기 전, 우리가 먼저 "그건 너무 뻔뻔하다"라고 말할 수 있었던 힘. 그것이 사라졌다는 건 도덕이 법보다 먼저 작동하지 못하는 사회가 되었다는 의미다.

우리가 진정으로 분노해야 하는 것은 권력자들의 무도함만이 아니다. 그들이 그렇게 행동해도 아무 일이 일어나지 않는 구조다. 수치심이 제거된 권력은 오히려 대중의 무감각 속에서 더 편안하게 자란다. 결국 그 책임은 모두에게 있다.

이제 우리는, 최소한의 윤리적 상식이 다시 돌아오기를 바란다면, 다시 '수치심'이라는 개념을 사회의 중심으로 끌어와야 한다. 그것은 법률도 제도도 아닌, 감각의 회복이다. 도덕적 상상력의 회복이며, 함께 사는 사회에 대한 책임 의식의 회복이다.

하지만 그 출발점에서 우리는 더 나아가야 한다. 단순히 '부끄러움을 아는 정치인'을 고르는 것을 넘어서, 부끄러움을 감지할 수 있는 사회적 환경을 재구성해야 한다. 그것은 언론의 감시력 회복, 시민 사회의 독립성, 그리고 교육의 방향성 전환과도 직결된다. 지금의 학교는 아이들에게 '성공하는 법'은 가르치지만 '부끄러워할 줄 아는 법'은 가르치지 않는다. 가치 판단을 피하고, 정답 없는 질문을 두려워하는 사회에서 수치심은 자연히 설 자리를 잃는다.

부끄러움은 강요될 수 없다. 하지만 부끄러움이 없는 사회는 무너진다. 민주주의는 다수결로 유지되지만, 그 바탕에는 '이래도 되는가?'라는 자기검열의 감정이 깔려 있어야 한다. 우리는 부끄러움이 사라진 결과가 어떤 사회를 만드는지 이미 충분히 보아왔다. 절차는 있지만 정의는 없고, 형식은 있지만 신뢰는 없다. 책임지지 않아도 되는 자리가 늘어나고, 사과하지 않는 언어가 일상이 된다. 결국 우리는 다시 묻게 된다.

"이대로 괜찮은가?"

이 질문은 단순한 수사가 아니다. 공동체가 아직 살아 있다는 유일한 증거다. 수치심 이후의 사회에서 우리가 가야 할 길은, 그 질문을 잊지 않는 길이다. 누가 무엇을 하든, 어떤 권력자가 어떤 말을 하든, 시민들이 스스로 도덕적 기준을 회복해 나가는 것. 그것이야말로 수치심이 사라진 시대를 지나 다음 시대로 나아가는 유일한 길이다.

마지막으로, 우리는 이 단순하지만 강력한 원칙을 기억해야 한다. "부끄러움을 모르는 자들에게 권력을 주지 말자."

이것이 우리가 다시 공동체를 회복할 수 있는 유일한 출발점이다.

4장

수치심은 왜 무너졌는가
– 진영논리라는 구조적 병리

진영논리,
수치심을 마비시키다

우리 사회가 부끄러움을 모르는 사회가 된 첫 번째 이유로는 갈 데까지 간 진영논리를 들 수 있을 것이다. 나는 이 진영논리가 우리 사회가 부끄러움을 모르는 사회가 되는 데에 가장 큰 영향을 미쳤다고 생각한다. 이 진영논리 때문에 자기 진영에 속한 사람들이 무슨 짓을 해도, 남들에게 지탄받을 짓을 해도 아무도 비난하지 않는다. 비난하기는커녕 오히려 실드 쳐주기에 바쁘다.

이러한 상황에서는 당사자들이 부끄러움을 느낄 겨를이 없다. 잘못했다고 욕하기는커녕 세상에 없는 일을 한 것처럼 칭찬을 해주고, 모든 것은 상대 진영의 음모와 모략일 뿐이라는데 뭐가 부끄러울 것인가. 지지자들이 잡범을 민주투사처럼 떠받들어주고 모든 것이 상대 진영의 조작이라고 떠들다 보면, 설사 자기가 잘못했다고 생각해 주눅이 들어있던 당사자들조차도 뻔뻔하게 나오는 경우를 우리는 이미 누차 봐왔다.

적대 집단의 악마화가 진영논리의 기본

수치심은 타인의 시선에 비친 자기 모습에 대하여 느끼는 불안감이다. 따라서 부끄러움을 느끼지 않으려면 타인을 무無나 마이너스의 존재로 만들면 된다. 다시 말해 타인을 완전히 무시할 수 있는 존재로 만들어 버리면 부끄러움을 느끼지 않게 된다. 이 방법에 진영논리야말로 안성맞춤이다. 진영논리의 기본은 상대 진영을 악마화시키는데 있으니 말이다. 악마가 잘못했다고 아무리 떠들어 봐야 누가 악마의 말에 귀를 기울이겠는가. 또 누가 그들에게 수치심을 느끼겠는가. 악마의 시선은 악마의 시선일 뿐이다. 경멸과 증오의 대상, 그 시선에 비친 자기 모습에 부끄러움을 느낄 사람은 아무도 없다. 이런 까닭에 각 진영들은 다른 진영이나 적대적인 집단을 악마화시키는데 혈안이다.

때와 상황에 따라 달라지는 진영논리라는 말은 학문적인 용어가 아니다. 따라서 명쾌한 정의가 존재하지는 않는다. 일반적으로 '편이 나뉜 상황에서 맹목적으로 자기편을 옹호하거나 상대편을 비방, 공격하는 것'을 의미한다. 여기서 진영이 정해져 있는 것은 아니다. 때와 상황에 따라 다르다. 진영이란 말이 사용되는 경우에 따라 그것은 달라지고 또 달라질 수밖에 없다. 가령 이념 갈등에서는 자기 진영이 진보가 될 수 있고, 보수가 될 수도 있다. 젠더 갈등에서라면 자기 진영이 여성이 될 수 있고, 남성이 될 수도 있다. 정당 갈등에서는 자기 진영이 국민의힘이 될 수 있고, 더불어민주당이 될 수 있다.

이처럼 자기가 속하거나 지지하는 집단과 상황에 따라 진영논리는 얼마든지 달라질 수 있으나 절대 변하지 않는 것이 있다. 그것은 자기가 속한 집단의 잘못에 대해서는 눈을 감고 맹목적인 성원과 지지를 보내는 것, 그리고 상대 진영에 대해서는 무분별한 비난과 멸시를 보내며 그들이 설사 바른 소리를 하더라도 그것을 음모와 가짜 뉴스로 몰아가는 것이다.

진영논리는 기본적으로 성장 과정에서 체득되기 때문에 상당히 공고하고 그 뿌리도 깊다. 우리는 아이였을 때부터 우리 편은 좋은 놈, 상대편은 나쁜 놈이라는 것을 철저할 정도로 체득하고 그것을 삶의 기본으로 살아왔다. 이것이야말로 진영논리의 기본이다.

어찌 보면 진영논리는 우리가 살아가는 데에 꼭 필요한 것일지도 모른다. 사람은 혼자서는 살 수없는 존재이다보니 살아가기 위해서는 자기편이 반드시 필요하고, 또 자기편을 결속시키기 위해서는 진영논리가 필요하기 때문이다. 사실 진영논리와 비슷한 현상은 동물은 물론 미생물에게서도 발견된다고 한다.

논리적 일관성이 전혀 없는 진영논리

진영논리라 하면 '논리'라는 단어가 붙었으니까 상당히 논리적이고 합리적이며 팩트에 기반을 둔 것처럼 들린다. 하지만 전혀 그렇지 않다. 각 진영의 싸움이 벌어지는 커뮤니티를 보면 그들의 주장은 말꼬리 잡기, 근거 없는 비방, 말 돌리기 등 전혀 논리라고 부를 수 없는 억지들로 가득 차 있다.

그것도 자기의 생각이 아니라 진영의 누군가가 모범답안처럼 써준 주장을 앵무새처럼 되뇌일 뿐이다. 이래서야 토론이나 논쟁이 이루어질 수가 없다. 자기 생각이 없는데 토론이 이루어지겠는가. 사실 진영논리란 상대 진영의 사람들을 설득하기 위한 것이 아니라 자기 진영의 사람들을 탄탄하게 묶기 위한 것이기 때문에, 애초부터 토론이나 논쟁 따위에는 관심조차 없다. 이런 까닭에 진보 성향이라고 알려진 커뮤니티조차도 자기 진영과 다른 의견의 글을 올리는 사람을 강퇴시킨다든지 빈 댓글로 응징한다. 다른 의견이 올라오는 것 자체를 원천 봉쇄하는 것이다.

진영논리의 문제점은 이루 말할 수 없을 정도지만, 가장 황당하고 어처구니없는 것은 서로의 입장이 바뀔 때이다. 우리나라에서는 대통령 선거에서 정권이 바뀔 때가 왕왕 있어 왔기 때문에 정치 사이트에서 입장이 180도 바뀌는 경우를 몇 차례 보아왔다. 각 진영은 지난날의 자기들이 했던 말들이나 행동을 까맣게 잊는다. 잊기만 하는 것이 아니라 아무 부끄럼 없이 종전까지 상대방이 주장했던 것을 그대로 받아들여 자기 것인 양 사용한다. 자기들이 얼마 전까지 극력 반대했던 것을 지금은 기를 쓰고 옹호한다. 상대방 진영도 마찬가지다. 자기들이 그렇게 옹호하고 찬성했던 것을 언제 그랬냐는 듯이 입을 싹 씻어 버리고 지금은 극력 반대한다.

이처럼 부끄러움을 아는 사람이라면 도저히 할 수 없는 행동을 서슴지 않고 하는 것이 다 신영논리의 덕분이다. 자기 진영 지지자들의 열화같은 성원이 있으니까 가능한 얘기이다. 그런 모습을 보고 있노라면 아무 진영에도 속하지 않은 중도층의 사람들은 정치에 환멸을 느낄 수밖에 없으리라. 나도 그렇지만 이 때문에 커뮤니티를 방문하지 않는 사람들도 많을 것이다.

진영논리의 가장 문제점은 진영논리를 생산, 가공하는 그룹이 악의적인 의도를 갖고 지지자들을 바보로 만들려 한다는 것이다. 선동과 날조 그리고 끊임없는 반복을 통하여 사고 능력이 없는 인간으로 만들려고 하고 있다. 그러한 인간들이 맹목적인 지지를 하는 법이고 또 조종하기 쉬우니까. 그리고 그들의 의도는 성공했다. 그 결과 각종 커뮤니티 게시판에는 사고 능력을 상실한 사람들이 주어지는 메시지를 복붙하고 있다. 이건 진보·보수에 상관없이 공통적으로 벌어지고 있는 현상이다. 그러다 보니 진보 게시판에는 아직도 정경심 교수가 표창장 하나로 4년을 받았다는 게 말이 되느냐는 게시글이 틈만 있으면 올라온다. 보수 게시판에는 철 지난 부정 선거 타령이 계속된다.

정경심 교수는 표창장 하나가 아니라, 8가지 죄목에서 유죄를 받아 합계 4년을 받았다. 이것은 간단히 검색해 보면 알 수 있는 일인데 그것조차 하지 않고 들은 말만 읊어댄다. 설사 표창장 하나가 아니라 8가지 죄목에서 유죄를 받아 4년을 받았다고 누군가가 글을 올려도 그 글은 완벽히 무시된다. 이것은 확증편향 때문에 그런 것이 아니다. 자기편이 보내주는 거짓 메시지에 머리가 쩔고 쩔어, 그 메시지를 부정하는 정보를 처리할 능력이 안 되기 때문이다.

보수 진영의 부정 선거 타령도 그렇다. 여야 참관인들이 함께 두 눈을 부릅뜨고 감시하는 상황에서 부정 선거가 가당키나 한 일인지. 적어도 수백 명을 매수하여 입을 맞추어야 하는데 그게 가능하다고 생각하는지. 더군다나 반대 진영의 참관인들을 매수하는 것이 가능하다고 생각하는지. 이들은 이런 간단한 사실조차 처리하지 못할 정도로 사고 능력이 망가졌기 때문에 허튼소리를 해대고 있는 것이다.

하지만 각 진영에서 본다면 이런 사람들은 비난의 대상이 아니라 고마운 존재일 뿐이다. 이런 사람들 때문에 자기들이 아무리 잘못해도 30%의 지지율이 나오니 말이다.

결국 진영논리란 말이 좋아 진영논리지, 자기 진영 사람들의 판단을 흐리게 하고 모든 것을 상대 진영의 탓으로 돌림으로써, 자기 진영이 아무리 부끄러운 짓을 해도 지지자들이 부끄러움을 못 느끼게 하는 꼼수에 지나지 않는다. 이 때문에 각종 커뮤니티 게시판은 부끄러움을 모르는 철면피들 간의 싸움터로 전락해 버리고 말았다.

진영논리는 본능인가
- 최소 조건 실험

 진영논리가 어처구니없는 것은 진영이 아무런 근거나 기준이 없이 나뉘어져도 진영논리가 생겨난다는 것이다. 이것은 진영논리의 원형이라고 볼 수 있는 내집단 편애ingroup bias 현상을 보면 잘 알 수 있다. 사회심리학에서는 보통 내가 속한 집단을 내집단, 속하지 않은 집단을 외집단이라고 부른다. 내집단 편애란 인간이 자신이 속한 집단을 실제보다 긍정적으로 평가하거나 차별적으로 혜택을 주려는 경향을 말한다.

 사람은 무의식적으로 타인이나 사물을 내 편과 내 편이 아닌 것으로 분류한다. 그리고 내 편이 아닌 것은 잠재적인 적으로 간주하여 경계하거나 적대시한다. 반대로 자기편에 대해서는 호의적이며 아무런 이유 없이 높게 평가한다. 이와 같이 자기편을 턱없이 편애하는 경향을 내집단 편애, 혹은 내집단 바이어스라고 한다.

이러한 경향은 다음 실험을 보면 잘 알 수 있다. 이 실험은 집단을 나누는 근거가 희박할 정도로 최소 수준이라는 의미에서 '최소 조건 실험'이라고 불린다. 실험은 대학생들을 대상으로 실시되었다. 8명의 대학생을 한방에 집합시킨 후 그들에게 수많은 점이 그려진 슬라이드를 아주 짧은 시간 보여주었다. 그리고 슬라이드에 나타난 점의 수를 추정하여 종이에 적도록 했다. 학생들은 점의 수효를 추정하는 작업을 40번 반복했다. 이 작업이 끝난 후 피험자들은 또 다른 실험에 참가해 줄 것을 부탁받았다.

이어지는 실험에서는 직전의 실험에서 추정한 점의 수에 따라 두 그룹으로 나뉘어질 것이라는 이야기를 들었다. 즉 점의 수를 많게 추정한 학생들이 한 그룹(과대 추측 그룹)을, 적게 추정한 학생들이 다른 한 그룹(과소 추측 그룹)을 이루게 된다는 것이다. 또한 이번 실험은 다른 사람에게 실제로 돈을 주는 내용이기 때문에, 실험 참가자들은 모두 익명으로 처리되어 이름이 아니라 번호로 불릴 것이라는 말도 들었다.

그 후 참가자들은 한명 한명씩 개인실로 안내되어, 자신이 과대 추측 그룹과 과소 추측 그룹 가운데 어느 그룹에 속하고 있는지를 알게 되었다. 그리고나서 주어진 조건에 따라 각각의 그룹(내집단과 외집단)에 속하는 두 사람에게 상금을 분배하는 작업을 수행하도록 부탁받았다. 과대 추측 그룹에 속한 학생에게는 과대 추측 그룹이 내집단, 과소 추측 그룹이 외집단이 된다. 물론 과소 추측 그룹에 속한 학생의 경우에는 이와 반대이다.

실험의 결과를 보면 학생들은 자기에게 이익이 되는 것은 아니었지만, 자신과 같은 집단(내집단)에 속했다는 단 한 가지 이유만으로 누군지도 모르는 사람에게 돈을 더 많이 주는 유리한 선택을 하고 있었다. 이것은 과소 추측 그룹이나 과대 추측 그룹 모두 동일했다.

이뿐 아니라, 내집단 사람과 외집단 사람 모두에게 이익이 되는 선택을 해야 하는 경우에는 설사 내집단 사람에게 돌아가는 절대 금액은 적더라도 외집단과 차이가 더 나는 선택을 택하고 있었다.

가령 내집단에게 15달러, 외집단에게 13달러라는 선택보다는 내집단에게 7달러, 외집단에게 1달러라는 선택을 택하고 있었던 것이다. 내집단에게 15달러, 외집단에게 13달러라는 선택은 내집단 사람에게도 이익이 되지만, 또 그만큼 외집단 사람에게도 이익이 된다.

이 경우 학생들은 내집단에 7달러, 외집단에 1달러라는 선택을 택함으로써 내집단에 속한 사람의 이익을 줄여서라도 외집단에 속한 사람과 격차를 벌리려고 했다. 학생들은 일관되게 외집단 사람에게 이익이 돌아가지 않는 선택을 하고 있었다. 상대방 잘되는 꼴은 보지 못하는 것이 사람인 것이다.

사실 이 실험에서 학생들은 추정한 점의 수에 따라 합리적으로 그룹이 나뉘어진 줄 알고 있었지만, 사실 학생들은 그냥 적당히 나뉘어졌다. 점수에 상관없이 임의로 나뉘어져 있었지만, 학생들 스스로만 자신들의 점수에 따라 그룹이 나뉘어졌다고 믿고 있었던 것이다. 다시 말하면, 양 그룹의 구성원 사이에는 아무런 차이가 없었다. 이처럼 집단 간의 차이가 전혀 없는 경우에도 일단 집단을 구분 짓게 되면 편파적인 행동이 나타나는 것이 사람이다.

이 실험에 참가했던 사람들은 아직은 순수한 대학생들이었다. 그리고 이런 식으로 행동함으로써 학생들에게 돌아가는 이득은 전혀 없었다. 그런데도 불구하고, 학생들은 외집단을 물 먹이는 전략으로 일관했던 것이다. 대학생들이 이럴 진 데 세상 물을 먹을 만큼 먹은 어른이 자기의 이익이 걸렸을 때 어떤 식으로 행동할지는 미루어 짐작하기 어렵지 않다.

이러한 실험 결과는 여러 가지 중요한 사회적, 심리적 통찰을 제공한다.

1. 진영논리의 본능적 기질

이 실험은 사람들이 정치적, 사회적 진영을 선택하고 그에 따라 행동하는 방식이 종종 본능적이고 감정적인 반응임을 시사한다. 이유나 근거가 명확하지 않더라도, 사람들이 속한 집단에 대한 애착이 강해지며 외부 집단과의 차별을 강화하게 된다.

2. 합리적인 판단의 부재

실험에서는 사람들이 실질적인 이득 없이도 외집단에 대한 적대감을 가지는 모습을 보여준다. 이는 종종 사회적, 정치적 상황에서도 일어나는 현상으로, 사람들이 자기 집단의 이익을 추구하며 외집단의 피해를 무시하거나 과소평가하는 경우가 많다는 것을 의미한다.

3. 진영을 구분 짓는 이유와 결과

실험에서는 아무런 논리적 근거 없이 집단이 나뉘어졌음에도 불구하고, 사람들이 그 집단을 기반으로 자신의 행동을 결정했다는 점에서 진영논리의 뿌리가 개인의 심리적 편향에서 비롯된다는 것을 알 수 있다. 이처럼 심리적, 사회적 갈등은 이성적 근거나 사실에 기반한 것이 아니라, 편향된 집단 구분에서 비롯될 수 있다.

4. 현실 세계에서의 적용

이 실험이 의미하는 바는 매우 크며, 현실에서 정치, 사회, 문화 등 다양한 분야에서 사람들이 진영논리에 의해 분열되고 갈등하는 이유를 설명하는 데 유용하다. 진영 간의 갈등은 실제로 불합리한 기준으로 나누어진 집단의 싸움이며, 이는 갈등을 더욱 심화시키는 요소가 된다.

이 실험을 통해 우리는 내집단 편애가 인간 사회에서 어떻게 발현되는지, 그리고 이런 심리적 경향이 진영논리와 어떻게 연결될 수 있는지를 이해할 수 있다. 이처럼 인간은 합리적 근거보다는 심리적 편향에 따라 행동할 수 있고, 이는 사회적 갈등과 불화의 원인으로 작용할 수 있다.

진영논리의 허구
- 진보와 보수의 실상

 우리 사회에서 '보수'의 정체성은 과연 무엇인가. 그들이 무엇을 중시하는지는 그들의 발언이 아니라 행동을 보면 드러난다. 현실적으로 드러나는 그들의 우선순위는 대체로 이렇다. 집값 상승은 바라면서도 세금은 줄이려 하고, 반공을 외치며 미국과의 밀착을 추구하며, 인건비는 최소화하면서 노동력을 최대한 활용하려 한다. 이는 공동체보다는 개인의 이익을 우선시하는 경향을 보여준다.
 이런 경향은 단순한 정책적 입장을 넘어서 정치적 판단력의 결핍으로도 이어진다. 지금까지 보수가 선택한 대통령 중 세 명이 실형을 받았고, 한 명은 그 가능성이 짙다는 점에서 그 선택의 질에 의문을 품게 한다. 같은 제품을 연이어 불량으로 구매했다면 소비자는 자연히 그 브랜드를 의심하기 마련이다. 하지만 보수 유권자들은 그런 의심보다는 정당에 대한 충성심을 우선시해 왔다. 이로 인해 후보자 선택의 기준은 점점 약화되고, 정당은 유권자에 대한 책임감을 덜 느끼게 된다.

윤석열 대통령의 당선은 보수 진영 내부의 혼란과 모순을 상징한다. 그는 박근혜 전 대통령을 구속시키고, 다수의 보수 인사들을 기소해 보수를 궤멸시킨 인물이다. 그럼에도 불구하고 보수 진영은 그를 선택했다. 그 이유는 "그렇다고 이재명을 뽑을 수는 없지 않은가?", "문재인을 잡아넣을 수 있는 인물은 윤석열뿐이다"라는 말로 설명되곤 한다. 하지만 이는 정치적 판단이라기보다는 진영논리에 따른 소극적 선택처럼 보인다.

더 나아가 보수 진영의 중심 정당인 국민의힘을 보면, 자율성과 자존심이 부족한 모습이 드러난다. 윤석열 대통령이 당과 당원에 대해 비하하는 녹취록이 공개됐지만, 그에 대해 비판하는 목소리는 거의 나오지 않았다. 그리고 권력에 대한 지나친 예속과 공천에 대한 의존은 정당의 자율성과 품격을 떨어뜨리고 있다.

그렇다면 '진보'는 다를까? 많은 이들은 진보를 보다 윤리적이며 사회정의에 민감한 세력으로 인식한다. 진보를 자칭하는 사람들도 약자에 대한 배려, 공정한 기회, 평등한 사회를 강조하며 스스로를 도덕적 우위에 놓는다. 그러나 이 도덕적 자부심이야말로 진보의 가장 큰 약점이기도 하다. 왜냐하면 스스로 내세운 기준을 어길 때, 그 위선은 보수의 탐욕보다 더 큰 반감을 불러일으키기 때문이다.

조국 전 법무부 장관 사태는 그 위선의 민낯을 여실히 드러낸 사건이었다. 입시 공정성에 목말라하던 청년들과 학부모들은 진보 진영이 "기회의 평등"과 "공정한 경쟁"을 외치던 그 입으로 입시 부정을 변명하는 모습을 보며 충격을 받았다. '특권층의 자녀가 입시에서 부당한 이득을 챙겼다'는 사실은 그 자체로 심각한 문제였지만, 더 큰 문제는 진보 진영이 그 사실을 외면하거나 축소하고, 심지어 희생자처럼 포장하려 했다는 점이었다.

많은 지지자들은 정의와 공정이라는 자신의 신념보다 진영의 결속을 우선시했다. 진보 진영 내부에서 "그가 아니었으면 검찰 개혁은 불가능했다", "검찰의 정치 보복이 본질"이라며 책임 회피성 담론이 반복되었다. 이러한 태도는 '정의'나 '공정'이 실현해야 할 가치라기보다, 진영의 무기를 위한 구호에 불과했다는 인상을 주기에 충분했다.

진보는 말로는 약자를 위한다고 하면서 현실에서는 기득권의 특권을 변호했고, 도덕을 외쳤지만 위법과 편법에는 침묵했다. 이중 잣대의 전형이다. 한때 진보에 기대를 걸었던 사람들조차도 그들의 말과 행동의 괴리 속에서 등을 돌리기 시작했다. 진보는 '도덕적 우월감'이라는 갑옷을 입고 있었기에, 그것이 깨졌을 때의 타격은 보수보다 훨씬 컸다.

이처럼 위선은 진보의 가장 취약한 부분이며, 가장 파괴적인 흠결이다. 진보가 윤리적 우위를 주장할수록, 그들이 보이는 모순과 이중성은 더 큰 실망과 분노를 낳는다. 진보는 스스로 무너졌고, 그 과정에서 정치적 신뢰는 걷잡을 수 없이 무너져 내렸다. 그리고 그 상처는 단지 진보 진영만의 것이 아니라, 한국 정치 전체에 대한 냉소로 번졌다.

결국 진보와 보수 모두 자신들의 잘못을 제대로 성찰하고 비판하지 못할 때, 그들의 이념은 공허한 구호에 불과해진다. 이념은 행동으로 증명될 때만 의미를 갖는다. 진보가 말하는 '공정'이 진정성을 갖기 위해서는, 그리고 보수가 강조하는 '책임'이 설득력을 가지기 위해서는, 우선적으로 자기 진영의 잘못에 대한 단호한 성찰이 선행되어야 한다.

진보와 보수,
잘못된 이분법

　진영논리란 말이 나온 김에 우리 사회에서 가장 첨예하게 대립하고 있는 것처럼 보이는 진보-보수 진영을 살펴보자. 사실 진보-보수는 용어 선택부터 잘못된 개념이다. 진보-보수는 동일한 연속체에 놓여 있지 않다. 둘이 서로 대립하는 용어가 아니란 말이다. 지금 우리들이 말하는 진보-보수의 이분법은 혁신-보수라고 부르는 게 맞다. 혁신이라는 훌륭한 용어를 두고 개념도 불분명한 진보를 사용하는 것은 우리 사회의 불행한 과거 때문이다. 4.19 이후 우후죽순처럼 생겨난 혁신정당, 그리고 5.16 군사 쿠데타 이후의 가혹한 탄압 속에서 대놓고 혁신이라는 말을 사용하기 어려웠다.

　물론 이러한 분위기하에서도 5공 시절에는 합법적 좌파, 사회민주주의 정치세력을 가리키는 단어로 진보정당 대신 혁신정당, 혁신계 등이 사용되기도 했다. 당시 혁신 계열로 분류되었던 정당으로는 진보당, 통일사회당 등이 있다. 진보정당이라는 표현이 주로 쓰이기 시작한 것은 소련의 붕괴 이후 PD 계열 운동권들이 합법정당 노선으로 전환하고 민중당, 민주노동당 등을 창당하기 시작한 1990년대 이후이다.

용어도 용어지만 개념에도 문제가 있다. 받아들이는 쪽에서 진보-보수라는 개념이 무엇인지 애매할 때가 많다. 그것은 개념이 어려워서라기보다는, 진보-보수라는 용어가 다양한 수준에서 사용되는데 그것을 하나로 뭉뚱그려 표현하는 데에서 비롯되는 현상이다.

다시 말해 진보-보수는 성격, 가치, 생활 태도, 정치적 태도 등 여러 가지 수준에서 사용되는데 그것을 하나로 보는 데서 문제가 비롯된다. 가령 생활 태도에서 진보-보수란 새로운 제품이나 유행을 받아들이는 정도에서 차이가 있다. 생활 진보란 새로운 유행이나 신제품에 거부감이 없을 뿐 아니라 쉽게 받아들인다. 아무래도 생활 진보는 젊은 층에 많다. 반면 생활 보수는 새로운 유행이나 신제품을 받아들이지 못하고, 사회의 다수가 따르는 것처럼 생각될 때 비로소 채택한다. 아예 받아들이지 않고 옛 스타일을 고수하는 생활 보수도 적지 않다.

생활 진보-보수는 정치적 보수-진보와는 차이가 있다. 양자가 일치하는 경우도 있지만 대략 70% 전후가 일치할 뿐이다. 그럼에도 우리는 양자가 일치하는 것처럼 생각한다. 그 결과 젊은 층은 진보, 나이 든 층은 보수라고 자연스레 생각한다.

흔히들 진보는 평등을, 보수는 자유를 중요시한다고 말하는데, 그것은 가치관 레벨에서의 이야기이다. 가치관 차원에서 진보는 평등을, 보수는 자유를 중요시한다는 것을 보여주는 조사는 대단히 많아, 이것은 분명한 사실인 듯하다. 그렇다고 해서 문제가 없는 것은 아니다. 우리 사회의 구성원들은 정치인들이 생각하는 것과는 달리 평등과 자유를 대립하는 것이 아니라 양립하는 것이라고 보고 있다는 점이다. 다시 말해 평등을 버려야 자유를 얻을 수 있고 자유를 포기해야 평등을 얻을 수 있는 것이 아니라, 두 가지를 동시에 추구할 수 있다고 보고 있는 것이다.

사회심리학에서는 진보-보수라는 개념을 별로 대단치 않게 본다. 개념적 유용성이 너무 떨어지기 때문이다. 개념만으로도 중요하긴 하지만, 사회심리학에서는 그 개념을 가지고 무엇을 설명할 수 있느냐 여부가 더 중요하다. 이것을 '개념적 유용성'이라고 하는데, 진보-보수라는 개념의 그것은 제로에 가깝다. 기껏해야 정당 지지 정도일 뿐, 다른 정치적 행동들은 거의 설명하지 못한다.

사회심리학에서 진보-보수라는 개념을 대단치 않게 보는 데에는 분명한 이유가 있다. 사회심리학에서 진보-보수라는 개념에 관심을 가질 당시 진보-보수 연속체에서 가장 왼쪽에 위치하는 것은 스탈린의 공산주의였고, 가장 오른쪽에 위치하는 것은 히틀러의 국가사회주의였다. 연속체에서 가장 멀리 떨어져 있는 만큼 양쪽이 내세우는 구호나 주장에는 큰 차이가 있었다. 문제는 하는 짓거리였다. 일당 독재, 인종학살 등 양쪽의 하는 짓은 똑같았다. 주장은 천양지차인데 하는 짓은 똑같다면 진보-보수라는 것이 과연 무슨 의미가 있는가 하는 의문이 저절로 나올 수밖에 없었다.

같은 못된 짓을 해도 왜 진보가 더 욕을 먹을까

진보에도 보수 못지않게 부끄러운 짓을 하는 사람들이 많다. 우리나라 보수가 워낙 부패하고 뻔뻔해 그 대척점에 서 있는 진보가 상대적으로 깨끗하고 양심적으로 보일 뿐이지 진보 인사에도 돈 좋아하고 부끄러움을 모르는 사람들이 많다. 책 세 권을 1억 6천만 원에 팔아먹은 봉이 김선달 뺨치는 재주를 부린 진보 인사도 있지 않았던가.

사실 진보 인사들의 주된 일이 정의팔이, 도덕성팔이이기 때문에 이들의 부끄러운 짓이 노정될 경우 비판은 더 신랄할 수밖에 없다. 왜 그럴까. 보수층이 더 심한 짓을 저질러도 잠자코 있던 사람들이 진보 인사의 부끄러운 짓에는 왜 그토록 가혹하게 나올까. 이것은 다음 실험을 보면 잘 알 수 있다. 다음 두 사람을 생각해 보자.

- **이상주의자**: "설사 일이 제대로 진행되지 않는 한이 있더라도 다른 사람에 대하여 배려를 하는 것이 무엇보다도 우선한다고 생각합니다", "정치가에게는 성실함이야말로 생명입니다", "규칙은 깨어지기 위해 존재한다는 말은 핑계에 지나지 않습니다"
- **현실주의자**: "일을 원만히 처리하기 위해서는 아부도 필요합니다", "정치란 지저분한 것이니까 이상만 추구한다면 제대로 된 정치가가 될 수는 없겠지요", "규칙은 깨지기 위해 존재하는 것입니다. 인간이란 자기이익을 가장 먼저 생각하는 존재이니까요"

이상주의자는 역시 이상주의자답게 원칙 그대로를 말하고 있고, 현실주의자는 역시 현실주의자답게 현실을 앞세우며 요령을 강조하고 있다. 이 글을 읽는 독자는 이들의 의견을 보고 나름대로의 이미지를 형성할 수 있을 것이다. 그런데 이 두 사람이 시험에서 똑같이 부정행위를 했다고 하면 지금 갖고 있는 이미지는 어떻게 변할까? 심리학자 대니얼 길버트Gilbert, D. T.의 연구에 따르면, 똑같이 커닝을 했음에도 불구하고 이상주의자는 현실주의자보다 더 비난받고 있었다. 앞선 말과 행동이 너무나 달라 위선적으로 비쳤기 때문이다.

사람들은 위선적인 사람들을 대단히 싫어한다. 자신을 속이려고 한다고 생각하기 때문이다. 그런 까닭에 평소 뻔뻔한 짓을 하던 사람들의 부끄러운 짓에는 그저 그러려니 한다. 설마 일부러 부끄러운 짓을 해서 자신을 속이려고 하지는 않을 것이라 생각하기 때문이다. 하지만 정의와 도덕성 등 듣기 좋은 말들만 입에 달고 살던 사람들이 부끄러운 짓을 했을 때는 배신감을 느낄 수밖에 없다. 자기를 속이려고 했다는 생각이 들기 때문이다. 이런 까닭에 진보 인사들의 "더 못된 짓을 하는 보수들은 그냥 놔두고 우리만 갖고 그러냐"는 볼멘 항변이나, 간통 사건으로 잡혀 온 목사의 "다른 사람들은 수백 번을 했겠지만 나는 단 한 번을 했을 뿐이다"라는 반박을 귓등으로라도 듣지 않는다.

게다가 우리들은 사람이라면 언행이 일치해야 하고 또 그런 사람이 좋은 사람이라는 암묵적인 성격관을 갖고 있다. 이러한 성격관 때문에 입만 번드레하고 행실은 엉망인 진보 인사가 더 큰 비난을 받을 수밖에 없다.

마찬가지 이유로 자기의 인간적인 완성도를 드러내 다른 사람에 영향력을 행사하려는 행동에는 상당한 위험이 따른다. 만약 바람직하지 않은 행위가 발각된다든지, 의도적으로 영향을 주려고 자기를 꾸미는 것이라는 인상을 상대에게 준다면 아무 의미가 없을 뿐 아니라 위선자라는 낙인이 찍히기 때문이다. 이런 이유로 조국 교수가 그토록 신랄하게 비판을 받은 것이다.

5장

수치심을 사라지게 한 부수적 요인들

물질 우선주의와
성공 지상주의

　어떤 사회적 현상이 단 한 가지의 이유로 초래되어 사회에 정착되는 경우는 드물다. 대개는 여러 가지 이유가 복합적으로 작용하여 사회적 현상으로 확대 정착된다. 우리 사회의 수치심 실종도 그렇다. 진영논리가 주원인이긴 하지만 그 밖의 것들도 한몫을 했다. 대표적인 것이 물질 우선주의와 성공 지상주의다.

　오늘날 우리 사회는 '수치심의 소멸'을 겪고 있다. 한때 공동체 구성원으로서 스스로를 조율하게 만든 이 감정은 이제 더 이상 공적 영역에서 기능하지 않는다. 그 배경에는 두 가지 거대한 흐름이 있다. 물질 우선주의와 성공 지상주의, 이 두 힘이 사회 전반의 가치 판단 기준을 근본부터 바꿔놓았다.

　우리 사회가 본래부터 물질 중심의 사회였던 것은 아니다. 1997

년 IMF 금융위기를 거치면서 개인과 국가가 생존을 최우선 가치로 삼게 되었고, 이때부터 '가치'보다 '가성비'가, '존엄'보다 '경제력'이 중시되기 시작했다. 이후 이명박 정부의 개발 지상주의, 문재인 정부 시기의 주택 가격 폭등 등은 이런 경향을 구조화시켰고, 결국 한국은 세계에서 유례를 찾아보기 힘든 수준의 물질 중심 사회가 되었다.

국제 여론조사 기관 퓨리서치센터가 2022년 실시한 17개국 비교 조사는 이를 수치로 확인시켜 준다. 이 조사에서 대부분 국가의 국민들은 삶에서 가장 가치 있게 여기는 것으로 '가족'을 꼽았다. 하지만 한국은 유일하게 '물질적 행복'을 삶의 최우선 가치로 선택했다. 물질적 풍요가 가족이나 건강보다 우선시된다는 이 결과는, 그 자체로 우리 사회의 가치관이 얼마나 왜곡되었는지를 보여준다.

물질주의가 팽배해지면 수단과 방법은 점차 중요하지 않게 된다. "돈이 말을 하면 진실이 침묵한다"는 영국 속담은 이 현실을 날카롭게 지적한다. 더 나아가 이병주 작가가 소설 《황백의 문》에서 말했듯, "돈이 발언하면 사람은 침묵한다". 돈 앞에서 양심이 침묵하고, 윤리가 퇴장하며, 수치심은 설 자리를 잃는다. 오늘날처럼 물질이 인간의 가치를 재단하는 사회에서 수치심은 사치처럼 여겨진다. "쪽팔림은 잠깐이고, 성공은 영원하다"는 냉소가 현실의 격언이 된 사회다.

이와 함께 성공 지상주의는 사람을 평가하는 잣대를 결과 중심으로 고정시킨다. "결과로 말해", "성공한 불의가 실패한 정의보다 낫다". 이런 말들이 정당화되면서 정직함과 책임감, 겸손 같은 미덕은 '성공하지 못한 사람들의 변명'처럼 취급된다. 수치심은 이제 실패자의 감정으로 여겨지고, 오히려 부끄러움을 모르는 자가 '현실적인 사람'으로 칭송받는다.

사회 곳곳에서 반복적으로 드러나는 갑질, 입시 비리, 재벌 범죄, 정치인의 파렴치한 언행은 더 이상 사람들을 놀라게 하지 않는다. 많은 이들이 "걸리지만 않으면 된다"라고 말한다. 이 말은 단순한 체념이 아니다. 수치심을 차단하기 위한 심리적 방어다. 인간은 수치심을 느끼지 않기 위해 점점 더 교묘하게 스스로를 속이는 법을 익힌다.

한때 수치심은 법과 제도보다 강력한 윤리적 제어 장치였다. "남들이 보면 뭐라고 하겠어"라는 말은, 그 자체로 하나의 기준이 되곤 했다. 그러나 지금은 그런 말보다 "남들이 보든 말든 나만 잘 살면 돼"라는 태도가 더 현실적이라 여겨진다. 공적 윤리는 퇴장하고, 개인의 성공만이 남는다. 이런 사회에서 위선은 전략이 되고, 파렴치는 생존 방식이 된다. 성공한 위선자는 비판받기는커녕 현실을 꿰뚫은 인물로 칭송받고, 그가 사용한 부정한 수단은 '영리한 선택'으로 재해석된다.

  수치심의 실종은 단지 도덕적 타락의 문제가 아니다. 그것은 공동체가 유지되기 위한 마지막 감정적 연결 고리가 끊어졌음을 의미한다. 법이 모든 것을 통제하지 못하는 현실에서, 사회를 붙드는 마지막 끈은 바로 '창피함'이라는 감정이다. 지금 우리는 그 끈을 스스로 놓아버린 상태다.

왜 나만 갖고 그래?
- 허위 일치 효과

지나친 물질 우선주의와 성공 지상주의도 문제지만, 더 큰 문제는 따로 있다. 우리 사회 구성원들 대부분이 다른 사람들도 모두 돈과 성공을 위해서라면 수단과 방법을 가리고 있지 않다고 생각하고 있다는 것이다. 이러한 믿음은 전과 14범인 이명박이 대통령이 되는 것을 보면서 굳어졌다.

이러한 믿음은 물론 착각이다. 우리 사회는 아직은 편법과 부정을 저지르지 않으면서 성공을 추구하는 사람들이 대부분이다. 수단과 방법을 가리지 않는 사람들이 오히려 소수이다. 모두가 수단과 방법을 가리지 않는다면 그 사회는 유지되기 힘들다. 하지만 이러한 착각이 부끄러움을 모르는 현상에 박차를 가했다. 다들 그렇게 하고 있으니 내가 편법을 써도 뭐가 문제가 되겠냐는 생각에

서슴없이 부끄러운 짓을 한다. 그리고 부끄러워하지도 않는다. 나아가서 돈과 성공을 얻기 위해서는 편법과 부정은 필수 불가결한 요소라고 믿는다. 이런 사람들은 편법과 부정이 발각되더라도 "다들 그러고 있는데 왜 나만 갖고 그래"라는 변명으로 일관한다. 재수가 없어서 자기만 걸렸을 뿐이라는 태도를 견지한다. 이것은 조국 법무부 장관 사태 때를 보면 잘 알 수 있다.

조국 법무부 장관 후보자의 딸 조 씨는 한영외고에 재학 중이던 2008년, 방학 기간을 이용해 단국대학교 의과대학 의과학연구소에서 2주가량 인턴을 하며 연구소 실험에 참여했다고 한다. 실험의 결과물인 논문은 12월 대한병리학회에 제출된다. 이때 조 씨의 이름이 논문에 관여한 6명의 저자 가운데 제1 저자로 올라갔다. 논문은 이듬해 3월 심사를 거쳐 대한병리학회지 2009년 8월호에 실렸다.

대한병리학회지는 2008년 SCIE에 등재된 학술지다. 보도에 따르면, 5년 이상 관련 분야를 전공한 대학원생도 SCIE 등재지에 논문 저자로 이름을 올리기 어렵다고 한다. 외국어고등학교에 다니는 전공생도 아닌 고등학생이 2주 남짓한 인턴 활동으로 SCIE급 의학 논문의 제1 저자가 되는 일이 어떻게 가능하냐를 두고 논란이 일었다. 각종 인터넷 게시판에서는 이 문제를 두고 논란이 벌어졌다. 비판적 의견이 우세한 가운데 옹호하는 글들도 만만치 않았다.

고등학교 2학년 학생이 2주간 실험에 참여해서 SCIE급 의학 논문의 제1 저자가 된다는 것 자체가 말이 되지 않는다. 그쪽 분야 연구자를 모독하는 일이기도 하다. 그럼에도 그것을 실드 치는 사람들의 논리는 단순했다. 다들 그렇게 하고 있다는 것이다. 강남 학군지 고등학교에서는 다들 그렇게 하고 있는데 왜 조 씨만 문제를 삼느냐는 이야기였다. 더 나아가서 SKY 수시 입학생 전부를 조사해 보면 조 씨같은 경우가 한둘이 아닐 것이라는 말도 덧붙였다. 이들의 말대로라면 SKY 수시 입학생들 가운데 편법을 동원하지 않은 학생들은 없는 듯했다. 물론 말도 되지 않는 소리다. 그러나 그 사람들은 이 말도 되지 않는 소리를 철석같이 믿고 있는 듯했다. 이들이 착각에 빠져 있기 때문이다.

실드 치는 사람들의 이러한 착각을 사회심리학에서는 허위 일치 효과$^{false-consensus\ effect}$라고 부르며, 특별한 사람들만이 아니라 대개의 사람들이 이러한 착각에 빠지기 쉽다. 허위 일치 효과란 사람들이 자신의 의견이나 행동을 다른 사람들이 더 많이 갖거나 더 하고 있는 것으로 여기는 경향을 말한다. 다시 말해, 자신이 생각하고 있는 의견과 자신이 하고 있는 행동은 다른 사람들도 다 하고 있다고 믿는 경향이다. 이것은 물론 착각이다. 하지만 이 착각은 굳건하다. 그 결과 사람들은 "누구나 다 이렇게 생각하지 않겠어?", "길 가는 사람 아무나 잡고 물어봐라. 다른 사람들도 다 이렇게 생각하고 있을 거야"라는 식의 말이 입에 배었다. 하지만 다들 그렇게 생각하는 일은 없다. 어떠한 조사에서도 누구나 동의할 것처럼 보이는 항목조차도 동의율이 100%가 나오는 경우는 없으며, 높아 봐야 70%대 정도 나올 뿐이다. 그럼에도 사람들은 실재하지도 않는 다수 의견을 근거로 자기의 주장이 옳다고 강변한다.

우리 사회의 돈과 성공과 관련된 허위 일치 효과가 한층 더 부끄러움을 모르는 사회로 만들었다. 모두가 다 하고 있는데 나만 안 하면 바보라고 생각한다. 모두가 하면 설사 그것이 편법이고 부정이라 해도 부끄러운 짓이 아니고, 오히려 못하는 게 바보라고 생각한다. 옆 나라에서는 모두가 다 함께 건너면 빨간 신호등도 무섭지 않다고 했던가. 사회 구성원 모두가 이렇게 생각을 하게 된다면, 우리 사회는 암울한 사회가 될 것이다.

수치심을 모르고 머릿속에는 탐욕만 가득하고 입만 살아 나불거리는 인간들로 가득 찬 사회. 우리들은 그런 사회를 향하여 치달고 있는 중이다. 끔찍한 일이다.

나르시시스트의 급증과
수치심의 실종

갑질하는 인간들 입에서 '반드시'라고 해도 좋을 정도로 자주 튀어나오는 말이 있다. "내가 누군지 아냐. ×××이다"라는 말이다. 이런 말을 듣는 입장에서는 "처음 보는데 당신이 누구인지 내가 어떻게 아냐?"는 말이 입에서 맴돌기 마련이지만, 말해봐야 싸움만 날 뿐이니 대개는 잠자코 있는다.

"내가 누군지 아느냐"라는 말은 '나는 대단한 사람이니 이렇게 대우해서는 안 된다'는 말과 다름없다. 자신은 대단한 사람이니, 다른 사람에게는 힘든 일도 자신에게는 해내라고 요구하는 말이다. 결국 자신을 보다 특별하게 취급해달라는 말이다. 이렇게 말하는데도 상대가 신통치 않게 나오면 욕설을 퍼붓거나 물건을 내동댕이치는 식으로 공격적으로 나가는 것이 나르시시스트들의 전형적인 행동 방식이다.

교사가 극단적인 선택을 했던 서이초등학교 사건의 경우에도 어김없이 이와 같은 말이 학부모 입에서 나왔다. 서이초에서 학교폭력을 담당했던 A 교사는 학폭 사안 처리 당시 한 학부모가 "나 ○○ 아빠인데 나 뭐 하는 사람인지 알지? 나 변호사야!"라고 했다고 증언했다.

이처럼 스스로를 존대하게 여기고 타인에게도 특별한 대우를 요구하는 사람들을 우리는 '나르시시스트'라고 부른다. 시쳇말로 '관종'이라고 불리는 사람들을 나르시시스트라고 보아도 좋다.

우리 사회가 부끄러움을 모르는 사람들로 넘치게 된 마지막 이유로는 이러한 나르시시스트들이 대폭 증가한 것을 들 수 있다. 나르시시스트는 자기애가 강한 사람을 말한다. 자기애는 정도의 차이가 있을망정 누구에게나 있는 것이기 때문에 자기를 사랑하는 것 자체가 문제가 될 수는 없다. 다만 나르시시스트의 경우는 그 정도가 너무 지나쳐 병적으로 자기애가 강하다. 또한 그들이 사랑하는 것도 있는 그대로의 자기가 아니라, 이상화된 자기를 사랑한다는 것도 문제다.

자기에는 이상 자기와 현실 자기, 두 가지가 있다. 이상 자기란 '자기가 되고 싶은 자기, 됐으면 하는 자기'를 말하며, 현실 자기란 '지금 있는 그대로의 자기'를 말한다. 나르시시스트가 사랑하는 자기란, 현실 자기가 아니라 이상 자기이다. 이 두 가지 자기 사이에는 갭이 있기 마련이다. 어떤 사람이든 이상 자기와 현실 자기와의 사이에는 갭이 있을 수밖에 없다. 더구나 나르시시스트는 이상 자기를 지나칠 정도로 미화하는 경향이 있기 때문에, 특히 양자의 갭이 두드러져 보인다. 주위 사람들은 겉으로 드러나는 그들의 현실 자기를 보고 대우할 수밖에 없지만, 나르시시스트들은 이것이 늘 거슬린다. 이것이 나르시시스트들이 진상 짓을 하는 주된 이유이다.

물론 우리 사회에 나르시시스트가 얼마나 되는지, 나아가 나르시시즘 성향이 강한 사람들이 얼마나 되는지에 관한 정확한 통계는 없다. 다만 우리 사회에서 흔히 볼 수 있는 초등학교 학부모들의 갑질, 맘충이라고 비하되어 불리는 아이 엄마들의 낯부끄러운 횡포, 서비스업종 종사자들에 대한 무분별한 갑질, 남녀노소를 불문한 끊임없는 자랑질 등의 현상은 나르시시스트나 나르시시즘 성향이 강한 사람들이 우리 사회에 넘쳐나고 있다는 것을 간접적으로 보여준다. 앞에 언급한 갑질들은 나르시시스트들의 보여주는 전형적인 모습이기 때문이다.

나르시시즘이란 그리스 신화의 나르키소스로부터 유래된 용어이다. 나르키소스는 강의 신 케피소스와 물의 님프 리리오페의 아들이다. 어머니 리리오페는 케피소스강의 홍수에 휘말린 후 나르키소스를 낳게 되었다. 그녀는 유명한 예언자를 불러 아들의 운명을 물어보았다. 예언자는 나르키소스가 자신의 얼굴만 보지 않으면 오래 산다고 말했다.

이 말을 듣고 리리오페는 동료 요정들에게 아들이 수면에 비친 자신의 얼굴을 보지 못하도록 부탁을 해 놓았다. 덕분인지 나르키소스는 뛰어나게 아름다운 청년으로 성장했다. 하지만 자존심이 너무 센 나머지 수많은 님프들과 남자들의 구애를 모두 거절했다. 이에 화가 난 한 님프가 복수의 여신 네메시스에게 사랑에 거절당하는 일이 얼마나 괴로운 것인지, 또 이루어지지 않는 사랑이 얼마나 고통스러운지 깨닫게 되는 저주를 나르키소스에게 내려주도록 기도하였다. 기도는 이루어졌고 그 저주로 나르키소스는 호수에 비친 자기 모습에 사랑에 빠졌다. 이후 며칠 동안 먹지도 자지도 않고 호수에 비친 자신의 모습만을 그리다가 그것이 결코 이루어질 수 없는 사랑이란 것을 깨닫고 물에 빠져 죽는다. 그 뒤 그가 숨을 거둔 자리에서 꽃이 피어났는데, 바로 수선화이다. 자신에게 애착을 가진다는 뜻의 '나르시시즘'이라는 말은 나르키소스의 영어 이름인 나르시서스에서 유래했다.

어찌 된 연유인지 모르겠지만 우리나라에서는 '나르시시스트'보다는 '나르시스트'라는 용어가 더 친숙하다. 일본에서도 나르시시스트와 나르시스트가 혼용되는 것을 보면 그쪽 영향을 받은 것 같기도 하다. 일본에는 나르시스트와 나르시스트가 동시에 표제어로 오른 사전들이 다수 존재하고 있을 정도로 나르시스트란 말이 자주 쓰인다. 하지만 정확한 표기는 나르시스트가 아니라, 나르시시스트가 맞다. 비슷하게 쓰이는 단어에 '로맨티스트'가 있는데, 이것도 로맨티스트가 아니라 '로맨티시스트'가 맞는 표기이다.

나르시시스트는 진단명으로는 자기애성 인격장애 환자이다. 평생 유병률이 1% 정도라고 하니 그렇게 흔히 볼 수 있는 환자는 아니다(참고로 우울증의 생애 유병률은 6.7%다). 따라서 우리가 보통 나르시시스트라 부르는 사람들은 정확하게는 나르시시스트가 아니라 나르시시즘 성향이 높은 사람이다. 따라서 이 책에서 말하는 나르시시스트도 자기애성 환자가 아니라, 나르시시즘 성향이 높은 사람을 의미한다는 것을 염두에 두시라.

현실을 직시하지 않는 정부, 나르시시스트 정권

권력은 본래 현실을 다루는 일이다. 그러나 나르시시스트 권력은 현실을 직시하는 대신, 거울 속에 비친 스스로의 왜곡된 모습을 바라보며 자신이 위대하다고 믿는 데 몰두한다.

윤석열 정부는 성과를 부풀리고 불편한 현실을 외면하는 데서 이러한 나르시시즘의 전형을 보여주었다. MOU(양해각서) 체결이라는 허울 좋은 기록으로 해외 순방의 성과를 과장하고, 통계 수치를 관리하며 경제와 민생의 고통을 감추려 한 시도는 거울 속에 만든 가상 현실을 국민에게 강요하려는 것이었다.

이번 글에서는 왜 '성과 부풀리기'가 반복되고, 어떻게 '국가 통계'마저 신뢰를 잃게 되었는지, 그리고 그것이 어떤 나르시시즘적 심리에서 비롯된 것인지를 살펴보려 한다.

해외 순방과 MOU, 성과 부풀리기의 민낯

나르시시스트 권력은 현실보다 자신의 이미지를 우선시한다. 윤석열 정부 출범 이후 반복된 해외 순방은 이 특성을 적나라하게 보여주었다. 공식 발표에서는 "역대 최대 규모의 투자 유치", "글로벌 경제 외교의 신기원" 같은 수사가 이어졌지만, 그 실체를 들여다보면 MOU 남발이라는 허술한 실상을 마주하게 된다.

MOU란 말 그대로 '합의할 의향이 있다'는 수준의 약속일 뿐 법적 구속력도, 계약 이행 의무도 없다. 실제 투자가 성사될지는 알 수 없는, 일종의 선언적 문서에 불과하다. 그럼에도 정부는 MOU 건수를 마치 확정 계약인 양 부풀려 홍보했다. 2023년 중동 순방에서는 300억 달러, 동남아 순방에서는 수십억 달러 규모의 MOU 체결이 발표되었지만, 이 가운데 실제 계약으로 이어진 것은 극히 일부였다.

현지 언론이나 기업들은 "협력 가능성을 모색하는 초기 논의에 불과하다"고 선을 그었지만, 국내 언론 보도에서는 '확정 투자'처럼 묘사되었다. 이런 과장된 홍보는 일종의 자기 이미지 관리에 불과하다. 이는 그저 국내 지지층과 여론을 겨냥해 "성과를 냈다"라고 포장하는 것이 목적이었다. 실질적 이익이 아니라 정권 홍보 수단으로 국가 외교를 이용하는 행태는 결국 외교 신뢰마저 훼손할 수 있다.

실제 일부 해외 기업들은 한국 정부 발표와 실제 논의 수준이 다르다는 불만을 비공식적으로 표출하기도 했다. 성과가 없는 것을 꾸며내고, 미진한 결과를 과장하는 것은 나르시시스트 권력의 전형적인 특징이다. 현실은 초라할지라도 스스로 위대하다고 믿고 싶어 한다. 그리고 그 신화를 깨뜨리려는 외부의 지적에는 극도로 적대적인 반응을 보인다. 윤석열 정부의 순방 외교는 이런 나르시시즘적 정치 행태의 전형적 사례로 기록될 것이다.

통계 조작 의혹, 현실을 외면하는 위험

나르시시스트적 권력은 불편한 진실을 인정하지 않는다. 오히려 진실을 왜곡하고, 현실을 자신의 바람에 맞게 다시 만들어내려 한다. 윤석열 정부 시기에 불거진 통계 조작 의혹은 이 특성을 극명하게 보여주는 사례다.

감사원은 문재인 정부 시절의 부동산 통계 조작 의혹을 지적했지만, 윤석열 정부 역시 통계 왜곡의 논란에서 자유롭지 못하다. 특히 부동산 가격, 고용 지표, 물가 통계 등 민감한 지표들에서 정부 발표와 체감 현실이 괴리되는 현상이 두드러졌다. 예를 들어, 정부는 수도권 집값이 안정되고 있다고 여러 차례 강조했지만, 실제 시장에서는 여전히 고가 거래가 이루어지고 있었고, 전세난은 오히려 심화되고 있었다. 또 고용률 상승을 강조했지만, 질 좋은 일자리보다는 노년층 단기 일자리 증가가 주요 원인이라는 분석이 뒤따랐다.

이런 통계 왜곡은 단순한 수치 조작 문제가 아니다. 국민과 시장에 잘못된 신호를 보내고, 정책 신뢰도를 붕괴시키는 심각한 문제다. 정부 통계는 단순한 숫자가 아니라 국가 정책의 나침반이자 국민과의 약속이기 때문이다.

나르시시스트 권력은 불편한 현실을 직시하기보다 자신에게 유리한 세계를 상상하고, 그것을 국민에게 강요하려 한다. 나르시시스트가 현실 자기보다 이상 자기를 선호하는 것과 비슷한 현상이다. 비판적 목소리는 가짜 뉴스로 매도하고, 부정적 데이터는 무시하거나 숨긴다. 결국 현실을 직시하고 대응하는 능력을 스스로 약화시키고, 국민을 더욱 고통스럽게 만든다.

통계 조작은 단순한 실수가 아니다. 현실을 부정하고 허구의 세계를 만들어내려는 위험한 권력 심리의 발로다. 이는 나르시시스트 정부가 현실과 상호작용하지 못하고 자기파괴적 경로로 빠져들고 있음을 보여준다.

나르시시즘 권력의 위험성

MOU 부풀리기와 통계 왜곡은 단순한 일회성 실수가 아니다. 이것은 나르시시스트 권력이 가진 구조적 문제, 즉 자기과시를 위해 현실을 왜곡하고 비판을 수용하지 못하며 거짓된 이미지를 쌓아가다가, 결국 무너지는 특성을 보여주는 대표적인 사례다.

국가는 리더 개인의 자존심을 충족시키는 장치가 아니다. 현실을 있는 그대로 직시하고, 불편한 진실 앞에서도 책임지는 자세야말로 국가를 살리고 국민을 지키는 유일한 길이다. 그러나 나르시시스트 정부는 이를 거부한다. 그리고 결국, 국민은 그 대가를 치르게 된다.

6장

우리들을 부끄럽게 만든 법조계

법복 뒤에 숨은 권력
- 판사들의 몰염치

 법은 사회에서 최소한의 도덕적 기준을 유지하는 역할을 한다. 그러나 오늘날 법조계는 점점 더 법과 정의를 분리하고 있다. 법이 정의를 떠나 기술적 계산의 틀로 전락하면서, 수치심을 느끼는 사람들은 점점 더 소외된다. 법을 다루는 사람들은 자신의 결정을 옳다고 믿으며 도덕적 책임을 느끼지 않는다. 법을 집행하는 자들의 수치심이 사라지면, 사회 전반에 걸쳐 도덕적 타락을 초래하는 결과를 낳는다.
 특히 법조계는 우리 사회에서 수치심을 죽이는 데 있어 핵심적인 역할을 해왔다. 전관예우나 봐주기 판결, 피해자보다 가해자에게 유리한 판결 등이 그 예다. 이 모든 것은 법의 공정성을 훼손하며, 그 안에서 인간적인 도덕적 감각은 점차 사라진다. 그 결과 법은 더 이상 사회정의를 실현하는 도구가 아니라, 권력과 이익을 보호하는 도구로 전락하게 된다.

적어도 정의의 마지막 보루는 법원이기에, 법원의 하늘만큼은 맑아야 한다고 믿는 사람들이 많다. 그러나 그 기대를 무너뜨리는 판결들은 끊임없이 이어졌다. 대표적인 예가 2011년 서울행정법원 부장판사로 재직하던 어느 판사의 판결이다. 이 판결은 그가 대법관 후보로 지명되면서 다시 세간의 주목을 받았다.

대법관 후보로 지명된 부장판사는 2011년 12월, 고속버스 회사가 버스기사 A씨를 '800원을 횡령했다'는 이유로 해고한 처분을 정당하다고 판결했다. A씨는 17년간 성실히 근무해 온 버스기사였지만, 승객이 낸 요금 중 자판기 커피값 800원을 가져갔다는 이유로 해고되었고, 법원은 이를 '근로계약을 유지하기 어려운 중대한 사유'로 판단했다.

2022년 8월 29일 열린 국회 인사청문회에서 더불어민주당 김승원 의원은 이 판결을 언급하며 대법관 후보자에게 질의했다. 김 의원은 "해고된 버스기사에게는 자녀가 3명이 있었고, 그 판결 이후 10년째 막노동으로 생계를 꾸리고 있다"며, 후보자의 판단을 강하게 비판했다. 후보자는 이에 대해 "당사자의 사정을 참작하려 했지만 헤아리지 못한 부분이 있었다"며 "마음이 무겁다"고 답변했다.

이 판결은 후보자가 2013년에 내린 또 다른 판결과 비교되면서 더욱 논란이 커졌다. 당시 후보자는 85만 원 상당의 향응을 받은 검사에 대해 "처분이 지나치게 가혹하다"며 면직 처분을 취소하는 판결을 내렸다. 800원으로 해고당한 버스기사와 85만 원의 향응을 받은 검사에 대한 법원의 태도는 극명한 대조를 이루었고, 형평성에 대한 근본적인 의문을 불러일으켰다. 이 사건은 법조계의 판단 기준과 형평성에 대한 사회적 논의를 촉발시켰지만, 결국 후보자는 대법관으로 임명되었다. 이 과정은 법원의 신뢰를 다시 한 번 심각하게 훼손시켰다.

형평성을 잃은 판결 못지않게 국민들의 눈살을 찌푸리게 한 것은 소위 '진보 인사'들의 재판 지연 문제였다. 대표적인 것이 조국 전 장관과 윤미향 의원의 재판이다. 조국 전 장관은 2019년 12월에 기소되어, 2024년 12월에야 최종 확정 판결이 났다. 재판 기간만 약 5년이다. 윤미향 의원도 2020년 9월에 기소되어 2024년 11월에 대법원 확정 판결을 받았다. 재판 기간은 4년 2개월이었다.

법원 측은 '재판부 변경과 혐의 구조의 복잡성'을 이유로 들면서 의도적인 재판 지연이 아니라고 항변했지만, 결과적으로 윤미향 의원은 재판이 끝나기 전에 국회의원 임기를 모두 마쳤고, 조국 전 장관은 최종 판결이 내려지기 전에 제22대 국회의원으로 당선되었다. 국민들은 이러한 결과를 보며 재판 지연이 과연 불가피

했는지 의문을 품을 수밖에 없었다.

여기에 더해, 법조계에 뿌리내린 고질적인 문제인 '전관예우'는 법원의 공정성에 대한 마지막 기대마저 흔들어놓았다. 전관예우란 법원이나 검찰 출신 인사가 변호사로 개업해 과거 동료 판검사들로부터 사실상의 특혜를 받는 관행을 뜻한다. 공식적으로는 부인되지만, 재판이나 수사 과정에서 전관 출신 변호사가 등장하면 판결이 달라질 수 있다는 인식은 여전히 강하다.

전관예우는 단순한 편의 제공을 넘어, 법 그 자체에 대한 신뢰를 무너뜨린다. 법은 누구에게나 평등해야 하지만, 현실에서는 돈과 인맥을 가진 이들에게 유리하게 작용하고 있다. 그 결과 일반 시민들은 법정에서조차 '공정'이 아니라 '불평등'을 체감하게 된다.

전관예우는 더 이상 법조계 내부의 은밀한 관행이 아니다. 언론 보도나 국정감사 자료를 통해 드러난 사례들을 보면, 대법관 출신 인사가 변호사로 개업한 뒤 수임료로 수십억 원을 벌어들였다는 사실은 놀라운 일이 아니다. 퇴직한 고위 법관이나 검사들이 로펌에 들어가 이름만 올리고도 사건당 수천만 원에서 수억 원씩을 받는 구조는, 실력보다는 간판의 힘이 얼마나 무서운지를 보여준다. '전화 한 통으로 분위기가 달라진다'는 말은 법조계 안팎에서 흔히 오르내리는 농담이지만, 정작 그 농담은 법정 밖의 시민들에게는 웃을 수 없는 현실이다.

2023년 한국형사·법무정책연구원이 발표한 보고서에 따르면, 일반 국민 10명 중 7명 이상이 "전관 변호사가 개입하면 판결이 유리해질 것"이라 믿고 있다. 이는 단순한 인식 문제가 아니라, 법 자체에 대한 신뢰의 붕괴를 뜻한다. 법이 누구에게나 공정해야 한다는 전제는, 현실 앞에서 조용히 무너지고 있다. 전관예우를 근절하겠다는 제도적 시도는 꾸준히 있었지만, 그 실효성에는 의문이 많다. 전관 출신 변호사의 수임 제한 기간을 늘리거나, 사건 수임 내역을 공시하도록 한 제도들이 도입되었지만, 결국 '편법'은 늘 제도보다 한발 앞서간다. 수임 제한이 끝난 이후 수억 원대 사건을 집중적으로 맡거나, 이름만 다른 가족 명의 로펌을 통해 간접적으로 수임하는 경우도 많다.

진짜 문제는, 이런 관행이 법조계 내부에서조차 '그럴 수 있다'며 묵인된다는 점이다. 한때는 부끄러워서 숨기던 일이 이제는 아무렇지 않게 언론에까지 등장한다. 부끄러움이 사라진 사회는 그 자체로 위험하다. 그리고 법조계야말로 수치심이 살아 있어야 할 마지막 공간이어야 한다.

법조계 스스로 부끄러움을 느끼지 않는 한, 법은 결코 정의를 담보할 수 없다. 정의의 마지막 보루인 법원조차 그 하늘을 맑게 유지하지 못한다면, 그 사회는 결국 부끄러움을 잃은 채 타락해 갈 수밖에 없다.

부끄러움을 잃은 권력
- 검찰

    검찰은 수사와 기소를 독점하며 형사사법의 문을 여는 기관이다. 그만큼 무게 있는 권한을 행사하지만, 국민이 바라보는 검찰의 이미지는 권위와 무책임이 뒤섞인 불신의 상징에 가깝다. 수치를 모르는 권력은 위험하고, 검찰은 그 대표적인 예가 되었다.

    한때 검찰은 '정의의 수호자'라는 이상 속에 자리했지만, 현실의 검찰은 선택적 정의와 권력 편승, 제 식구 감싸기로 비판받아 왔다. 사회적 약자에게는 엄격하고, 권력자에게는 유연한 태도는 오랜 시간 쌓여온 불신의 뿌리다.

    대표적인 사례가 '검찰 가족'에 대한 관대한 판단이다. 검사 출신 인사나 재직 중인 검사들에 대해서는 기소 자체가 유예되거나, 기소되더라도 솜방망이 처분이 내려지는 경우가 많았다. 김학의 전 법무부 차관 사건은 이런 문제점을 가장 극적으로 보여주었다. 김 전 차관은 별장 성 접대와 관련한 의혹이 제기됐음에도 불구하고, 검찰은 초기에 제대로 수사하지 않고 사건을 무마하려 했다. 이후 뒤늦은 수사가 시작됐지만 핵심 증거가 이미 사라진 상태였고, 결국 무죄 판결이 내려졌다. 이 과정에서 검찰 내부의 제 식구 감싸기 문화와 진상 규명 의지 부족이 적나라하게 드러났다.

김학의 사건이 검찰에 대한 신뢰를 크게 무너뜨린 사건이었다면, 김건희 여사의 수사는 또 다른 논란의 중심이었다. 2021년부터 불거진 김건희 여사의 주식 거래 의혹과 관련된 수사는 그 자체로 정치적인 논란을 낳았다. 특히 김건희 여사가 2010년대 초반에 진행한 주식 매매와 관련하여 특혜를 받았다는 의혹이 제기되었지만, 검찰은 수사에 속도를 내지 않고 시간을 끌었다. 당시 여권과 관련된 정치적 상황과 맞물려 이 사건에 대한 수사가 공정하게 이루어지고 있는지에 대한 의문이 제기되었다.

검찰의 수사는 다소 미온적이었으며, 당시 김건희 여사와 관련된 의혹이 대중의 눈에 크게 띄었음에도 사건은 급격하게 진전을 보이지 않았다. 특히, 김건희 여사의 주식 거래 내역이 의도적으로 조작되었을 가능성이나, 당시 제3자의 개입 여부에 대한 의혹들이 제기되었음에도 불구하고 수사는 전반적으로 침체된 상태였다. 이는 마치 '윗선'의 눈치를 보고 있다는 인상을 주었고, 결국 여론은 점점 더 검찰의 비공정성을 지적하는 방향으로 흐르게 되었다.

그런 가운데 윤석열 대통령 부부를 수사 대상으로 올려놓은 이른바 '김건희 특검법'이 통과된 직후, 놀라운 일이 벌어졌다. 검찰이 그동안 4년 넘게 확보하지 못했다고 주장했던 도이치모터스 사건 관련 녹취록이 특검 출범 직후 갑작스레 발견된 것이다. 이미 법무부 장관은 "녹취록은 없다"고 못 박았던 상황이었다. 이 기이한 전개는 검찰이 중요한 증거를 고의로 은폐했거나 최소한 확보 노력을 의도적으로 회피했다는 의심을 불러일으켰고, 특검법 통과가 아니었다면 끝내 묻혔을 뻔한 사실이었다는 점에서 커다란 충격을 안겼다.

김건희 여사의 사건에서 나타난 검찰의 미온적인 태도는, 그동안 검찰이 보여온 '정치적 중립성'과는 거리가 먼 모습을 보여주었다. 특히 권력자에게는 유연한 태도를 보이면서 일반 시민에게는 냉혹한 잣대를 적용하는 모습은 국민들의 신뢰를 더욱 떨어뜨렸다. 이러한 모습은 검찰이 스스로 '법의 수호자'라는 이미지를 유지하기 어려운 상황을 만들었다. 검찰의 수사는 여전히 권력자들에게 유리한 방식으로 이뤄지는 경우가 많았으며, 이는 시간이 지나면서 더욱 분명해졌다.

검찰 조직 내부의 수치심 결여는 내부 징계에서도 고스란히 드러난다. '기적의 계산법'이라는 조롱을 들었던 검사 징계사건이 대표적이다. 라임자산운용의 전주錢主 김봉현 전 스타모빌리티 회장으로부터 룸살롱 접대를 받은 검사들이 2025년 5월, 법무부로부터 징계를 받았다. 접대 금액이 100만 원이 넘어 청탁금지법 위반으로 기소된 나모 검사는 정직 1개월, 동석했던 유모, 임모 검사에게는 경징계인 견책 처분이 내려졌다. 김 전 회장이 2020년 옥중에서 접대 사실을 폭로한 이후 5년 만이다. 대검찰청은 이듬해인 2021년 검사 3명에 대한 징계를 의결했지만, 법무부가 나 검사에 대한 확정 판결이 나올 때까지 기다려야 한다며 4년을 끌다가 이제야 징계를 한 것이다.

검찰은 룸살롱 접대를 받은 검사 3명 중 1명만 기소하며 '기적의 계산법'을 동원했다는 비판을 받은 적이 있다. 당시 술값과 접객 총비용이 536만 원이었는데, 시간대별로 참석자와 비용을 분류한 뒤 다른 검사 2명은 먼저 자리를 떴다는 이유로 접대받은 금액을 각각 96만 원으로 산정해 불기소했던 것. 접대액이 1회 100만 원을 넘으면 처벌되는 청탁금지법을 피하기 위해 꼼수를 부린 것이다.

법무부의 이번 징계는 당초 대검이 의결했던 중징계보다도 가벼워졌다. 면직이던 나 검사는 정직 1개월로, 각각 정직 3개월, 감봉 3개월이던 두 검사는 견책으로 감경됐다. 나 검사에 대해 1, 2심재판부는 접대액이 100만 원을 안 넘을 수 있다며 무죄를 선고했지만, 2024년 10월 대법원은 금액 산정이 잘못됐다면서 유죄 취지로 파기 환송했다. 그런데도 대법 파기 환송 후 반년 넘게 가만히 있다가 대선 직전에야 슬쩍 솜방망이 징계를 했다. 이러한 솜방망이 징계는 검찰이 자기 잘못에 얼마나 관대하며, 조직 내부의 윤리성 회복에 얼마나 무력한지를 보여준다.

검찰의 가장 큰 문제는 '책임지지 않는 권력'이라는 점이다. 수사 착수는 전광석화처럼 빠르지만, 수사 결과가 틀렸을 때 누구도 책임지지 않는다. 무혐의 결론이 나와도 이미 삶이 무너진 피의자에게 돌아오는 것은 아무것도 없다. 이러한 검찰의 '선택적 정의'는 사회적으로 큰 논란을 일으키며, 신뢰를 더욱 떨어뜨리고 있다.

수치심은 스스로의 오판과 오용에 대해 성찰하게 만드는 내면의 장치다. 그러나 검찰 조직 내부에는 그 감각이 희박해져 있다. 정치적 의도가 있었는지에 대한 논란보다 더 본질적인 문제는, 이런 무감각함 자체다. 자신이 행사하는 권력의 영향력을 끝까지 책임지겠다는 자세가 부재한 한, 검찰은 도덕적 신뢰를 회복할 수 없다.

정의의 파수꾼은 어디에
– 변호사 사회의 이중성

　우리 사회의 전통적인 법의식은 "법은 멀리할수록 좋다. 되도록 법을 모르고 살자"라는 것이었다. 하지만 사회가 복잡해지고 이해 충돌이 잦아지면서 이러한 법의식은 더 이상 유효하지 않게 되었다. 법을 멀리하고 있던 사람도 뜻하지 않게 사건에 휘말려 법의 신세를 지는 경우가 종종 있기 때문이다. 이러한 환경 변화로 법의식도 변해 이제는 '법은 분쟁을 해결하고 국민의 이익을 대변하는 수단'으로 생각하게 되었다. 2024년 3월 한국법제연구원이 발표한 〈2023 국민법의식 실태 조사〉에 따르면 '법은 분쟁을 해결한다'라는 항목에 65.2%가, '국민의 이익을 대변한다'라는 항목에 56.5%가 동의하고 있었다.

　이처럼 법의식이 변하면서 각광을 받게 된 직업이 변호사다. 요즘 변호사들은 고유의 법률 업무뿐만 아니라 매스컴 등 기타 영역에서의 활동이 눈부시다. 눈에 자주 띄게 되면 대중은 아무래도 그 존재를 믿게 된다. 보는 것이 믿는 것이라고 하지 않던가? 변호사도 대중이 신뢰하고, 신뢰하고 싶어하는 대상의 하나가 되었다. 그런데 문제는 의외로 변호사 업계가 깨끗하지 못하다는 것이다. 여기서 변호사들의 비리를 일일이 언급하지는 않겠지만, 그로 인해 법조계 전체에 대한 신뢰가 점점 떨어지고 있다는 점은 분명하다.

변호사는 법을 수호하는 사람이다. 그러나 우리 사회의 변호사 집단은 오히려 법을 이용하고 왜곡하는 데 익숙해졌다. 수년 전 조국흑서의 저자 가운데 한 사람이었던 여성 변호사가 논란의 중심에 섰던 적이 있다. 그 변호사가 논란이 되었던 주요 이유는 학교폭력 피해자 유족을 대리한 민사 재판에 상습적으로 불출석하여 패소하게 만든 사건 때문이다. 변호사는 학교폭력으로 딸을 잃은 유족의 항소심을 맡았으나, 세 차례나 재판에 불출석했다. 이로 인해 유족은 항소심에서 패소하게 되었고, 1심에서 일부 승소했던 결과마저 뒤집히는 상황에 놓였다.

이러한 변호사의 불성실한 변론 행태는 의뢰인의 재판받을 권리와 상고할 권리를 침해했다는 비판을 받았다. 결국 대한변호사협회는 변호사에게 정직 1년의 징계를 내렸다. 더불어 법원은 변호사가 유족에게 5천만 원을 배상해야 한다는 판결을 내리기도 했다. 하지만 유족은 해당 변호사로부터 제대로 된 사과를 받지 못했으며, 법원의 배상 결정에 대해서도 억울함을 토로하고 항소 의사를 밝히기도 했다. 이 사건은 변호사의 불성실한 직무 수행으로 인해 의뢰인에게 심각한 피해를 준 사례로, 법조계 안팎으로 큰 논란을 불러일으켰다.

법조계는 오래전부터 폐쇄적인 구조를 형성해 왔다. 판사, 검사, 변호사가 서로 얽히고설키며 하나의 이너서클을 이루었다. 그 안에서는 부당한 일도 쉽게 눈감아지고, 잘못된 관행은 오래도록 유지되었다. 전관예우는 그중 하나였다.

법을 잘 아는 이들은 법망을 피하는 방법까지 잘 알았다. 이들은 정의를 지키는 대신, 지식을 무기로 삼아 사건을 유리하게 이끌었다. 대한민국 법조계는 오랫동안 '전관예우'라는 부끄러운 관행을 이어왔다. 판사나 검사 출신 인물들이 퇴직 후 변호사가 되어 과거 인맥을 이용해 사건을 유리하게 이끈다는 것은 공공연한 비밀이다. 공식적으로 금지되어 있다고 하나, 현실에서는 수사와 재판 과정 곳곳에 전관의 그림자가 드리운다.

전관 출신 변호사들이 맡은 사건이 비정상적으로 빠르게 진행되거나, 드물게 무죄 판결이 내려지는 경우가 반복되면서 국민들은 법의 공정성을 믿지 못하게 되었다. 돈 많은 자는 전관 변호사를 고용하고, 힘없는 자는 아무런 무기 없이 법정에 선다. 이 불평등한 구조는 사회적 분노를 키워왔지만, 정작 법조계는 자기반성은커녕 전관예우를 일종의 성공 경력으로 포장하는 데 급급했다.

여기에 더해, 최근에는 대형 로펌들이 이 구조를 더욱 공고히 하고 있다. 대형 로펌은 퇴직한 고위 판검사들을 대거 영입해, 사건을 '관리'하는 시스템을 만들어냈다. 그들은 수십억 원의 수임료를 받으며 사법 정의를 상품처럼 사고팔았다. 심지어 로펌 출신 변호사들이 공직에 갔다가 다시 로펌으로 복귀하는 '회전문 인사'까지 만연했다.

돈은 수치심을 무너뜨렸다. 억대 수임료를 앞세워 사건을 맡고, 법과 정의는 뒷전이 되었다. 법조 윤리는 형식이 되었고, 책임을 묻는 일은 사라졌다. 수치심 없는 변호사들의 등장은 우연이 아니다. 그들은 구조 속에서 길들여졌고, 문화 속에서 타락했다.

변호사는 억울한 이들을 변호하고, 권력의 횡포를 막는 존재여야 한다. 그러나 오늘날 대한민국에서 변호사는 종종 정반대의 모습으로 비친다. 그들은 법을 무기로 삼고, 법을 아는 지식을 사유화하며, 오히려 권력과 자본의 편에 서는 경우가 부지기수다. 법률 지식은 원래 공공재여야 한다. 그러나 전관 변호사들은 법을 사유화하고, 법의 공정성을 거래 대상으로 만들었다. 수치심은 사라지고, 오직 이익만이 남았다.

변호사는 더 이상 공공선을 지키는 수호자가 아니다. 그들은 법을 해석하고 적용하는 힘을 사익을 위해 휘두르는 존재가 되어버렸다. 법정은 더 이상 진실과 정의를 따지는 공간이 아니다. 그곳은 권력과 자본이 법을 구입하고, 법을 조율하는 거래의 장이 되어가고 있다. 이 구조가 바뀌지 않는 한, 다음 세대도 똑같은 길을 걷게 될 것이다.

법조인들은
왜 수치심을 잃었는가

　법조인은 국민의 권리를 지키기 위해 존재한다. 그러나 우리 사회의 많은 법조인들은 스스로를 국민 위에 있는 존재로 여긴다. 그들의 마음속에는 선민의식이 자리 잡았다. 그 어려운 사법고시를 통과했고 법을 독점적으로 다루는 직업이라는 이유로, 스스로를 '선택받은 사람들'로 착각하는 것이다.

　이렇게 선택받은 자들에게 국민이 동등한 존재로 보일 리가 없다. 법조인의 눈에 국민은 잠재적 피의자이며 피고이고, 언제든지 심판받을 수 있는 대상으로 비친다. 이런 점에서 2017년 9월 22일, 〈한겨레〉와의 인터뷰에서 임은정 검사가 직접 밝힌 에피소드는 충격적이다.

　인터뷰에서 임은정 검사는 과거 지청 근무 시절, 지청장이 지역 기관장 회의를 다녀온 후 특정 기관장이 마음에 들지 않는다며 "저런 건방진 놈은 한번 털어봐야 한다"고 부하 검사에게 지시했다는 일화를 소개했다. 당시 임은정 검사의 직속상관이었던 부장검사가 이 지시를 임 검사에게 전달하며 실행을 종용했다고 한다. 이들이 '국민은 털면 누구라도 먼지가 나오는 존재'로 보고 있다는 명백한 증거이다.

이 에피소드는 검찰 내부의 부당한 지시와 권위적인 문화를 보여주는 사례로 언급되었으며, 임은정 검사가 검찰 조직 내 부조리에 대해 비판적인 목소리를 내게 된 배경 중 하나이다. 국민들 누구라도 뒤를 뒤지면 감방에 처넣을 수 있다고 생각하며 깔보면서도, 같은 법조인들에게는 지나치게 관대하다. 검사나 판사가 웬만한 죄를 저질러도 기소조차 하지 않는다. 사회의 이목이 집중되는 경우, 시간을 질질 끌다 사회의 관심이 사라진 듯하면 슬그머니 기소를 기각시킨다.

법무부가 국정감사 때 국회에 제출한 〈검사 공무원 범죄 접수 및 처리 현황〉 자료를 보면, 2015년부터 2021년 8월까지 약 7년 동안 검사가 피의자로 입건된 사건 접수는 총 2만 929건이다. 이 가운데 기소된 사건은 모두 19건으로, 기소율은 0.10%에 지나지 않았다. 우리나라에서 발생한 전체 형사사건의 기소율이 30%인 것과 비교하면 낮아도 너무 낮다. 물론 검사에 대한 형사사건 대부분은 사건처리에 불만을 품은 사건 관계인의 '반복적·민원성' 고소고발이다. 검사들을 고소고발 하는 사람은 주로 사건처리와 연관된 사건 관계인이 대부분이라 검사들 사이에서는 "고소당하는 게 일상"이라는 말도 나온다고 한다. "나를 사실상 죽인 사람은 대통령, 장관, 국회의원, 검사…"라고 외치며 한 번에 70명을 고소했던 경우도 있었다고 한다.

판사라고 해서 다를 바 없다. 법조계에 따르면 판사에 대한 기소율도 0.16% 정도로 대부분 기각처리 된다. 판사에 대한 형사사건도 반복적이고 민원성이 짙은 고소고발 사건이 주를 이루기 때문이다.

사정이 이렇다 하더라도 문제는 남는다. 사회적으로 물의를 빚은 검사나 판사들의 비리 사건도 그냥 넘어 가는 경우가 있기 때문이다. 보통 사람들이라면 낯 간지러워서 못할 짓을 이들은 태연히 하고 있다.

이익과 권력은 선민의식을 더욱 강화시켰다. 억대 수임료를 받으며 법을 다루는 이들은 법을 국민을 위한 것이 아니라 자신들의 도구로 삼는다. 선민의식은 '나는 선택받은 사람'이라는 단순한 의식이 아니다. 이 의식은 한발 더 나아가서 '우리들은 특별한 존재이니 특별한 취급을 받아야 한다'는 생각으로 이어지고, 자신들은 법의 적용을 받기보다는 '법 위에 군림하는 존재'라고 생각하게 만든다. 이런 생각 때문에 그들은 사람들의 시선을 무시하지 않으면 할 수 없는 행동과 판결을 거침없이 한다.

그들은 국민은 무시하지만 같은 부류인 법조인에게는 무한한 애정을 느낀다. 그 결과 끼리끼리 문화를 형성하면서 법조 카르텔이 만들어진다. 심지어 결혼도 자기끼리만 한다. 2025년 탄핵 심판 당시, 헌법재판관들 배우자의 직업이 화제가 된 적이 있다. 어쩌면 하나같이 다 같은 법조인끼리 결혼했을까?

수치심은 그렇게 사라졌다. 법을 봉사로 여기지 않고 지배의 수단으로 여기는 순간, 수치심은 더 이상 필요 없는 감정이 되었다. 이제 법조인은 자문해야 한다. 자신들이 과연 '국민을 위한 존재'인가, 아니면 '국민 위에 군림하는 존재'인가.

AI 판사 시대는 가능한가

한국의 사법 시스템은 오랫동안 '법 앞의 평등'이라는 헌법적 이상과 괴리되어 있었다. 검찰과 법원이 선택적 정의, 전관예우, 정치적 판단이라는 의혹에서 자유롭지 못한 것은 하루 이틀 일이 아니다. 이제는 국민 다수가 법조인을 신뢰하지 않고, 판결조차도 "정권 따라 움직인다"고 의심하는 지경에 이르렀다. 이런 상황에서, 사람들은 묻기 시작한다. 사람이 아닌 기계가 판결을 내리는 시대는 가능하지 않을까? 혹은 그편이 차라리 더 나은 것은 아닐까?

AI는 어디까지 왔는가

AI 기술은 이미 우리 사회 깊숙이 들어와 있다. 검색, 번역, 운전, 상담에 이어 법률 분야도 예외가 아니다. '리걸 테크legal tech'라는 말이 나올 만큼, 법률 시장의 일부는 이미 자동화되고 있다. 미국에서는 AI가 작성한 계약서가 로펌 초급 변호사의 초안을 뛰어넘는다는 평가를 받고 있고, 중국은 경미한 민사사건에서 AI가 제안한 판단을 실제 판결로 채택하는 시범운영을 하고 있다. 유럽의 일부 국가들은 AI를 '사법 보조 시스템'으로 활용하며, 동일한 판례에 따른 일관된 결정을 내리는 데 활용하고 있다.

한국에서도 '형량 예측 시스템', '판례 추천 알고리즘' 등 다양한 실험이 이뤄지고 있다. 이미 기술적으로 단순한 사건에 한해서는 일정한 수준의 판결 초안을 생성해 낼 수 있으며, 논리 구조나 법령 적용의 정확성에서도 평균 판사에 뒤지지 않는다는 연구 결과도 있다.

인간 판사의 구조적 한계

AI 판사의 가능성은 단지 기술 진보 때문이 아니라, 현실의 사법 시스템에 대한 절망에서 비롯된다. 검찰이 기소 여부를 자의적으로 판단하고, 판사가 정치적 신념에 따라 사실관계를 해석하고, 고위 법조인이 자신과 연줄 있는 변호사의 청탁을 받아들이는 일은 현재 한국 사회에서 반복되는 일상이다.

전관예우는 사라졌다고 하지만, 전직 판사나 검사 출신 변호사가 소속된 로펌이 맡으면 유리한 판결을 받는다는 인식은 사라지지 않는다. 수사 지연, 봐주기 기소, 정권 편향성 등은 사법 시스템을 사익 추구의 도구로 전락시킨다. 인간 판사의 가장 큰 한계는 그가 인간이라는 점이다. 감정, 이해관계, 정치적 입장, 사회적 유불리가 그 판단에 스며들 수밖에 없다.

AI 판사의 가능성과 한계

AI는 감정이 없다. 그렇기에 매수되지도, 압박에 흔들리지도 않는다. 법리와 판례, 객관적 사실만을 기준으로 판단한다는 점에서 '몰염치하지 않은 판사'일 수 있다. 특히 교통 과태료, 경미한 민사 분쟁, 규정 위반 같은 단순 사건에서는 오히려 인간보다 더 공정하고 일관된 판단을 내릴 수 있다. 이미 일부 법률 AI는 동일한 사건에 대해 판사보다 더 낮은 편향도를 보인다는 실험 결과도 존재한다.

그러나 이 역시 낙관은 금물이다. AI는 사람이 설계하고, 인간의 판결 데이터를 학습한다. 그 데이터 자체가 편향되어 있다면, AI도 그 편향을 학습하게 된다. 예를 들어, 과거 판결이 여성에게 불리하거나 특정 계층에 가혹했다면, AI도 동일한 오류를 재현할 가능성이 있다. 또 예외적 사안에 대한 상상력, 피해자의 고통에 대한 감정 이입, 미래 사회에 미칠 영향 등은 AI가 이해하기 어려운 영역이다.

AI 판사 시스템이 제대로 작동하기 위해서는 방대한 판결문 데이터의 공개와 투명성 확보가 전제되어야 한다. 현재 한국의 판결문은 비실명 처리와 내용 누락이 많고, 주요 사건에 대해서는 아예 비공개되는 경우도 빈번하다. 이는 '사생활 보호'라는 명분 아래 사법부 스스로 판결문을 폐쇄된 정보로 만들고 있기 때문이다. 그러나 판결은 공적 행위이며, 국민은 그 과정을 감시하고 평가할 권리가 있다. 더욱이 AI가 학습하고 분석하려면 판결의 전모가 드러나야 하고, 통계적 편향이나 오류도 그 과정을 통해서만 수정할 수 있다. 판결문이 공개되지 않는 상황에서 AI가 투명하고 공정한 사법 판단을 할 수 있다는 건 허상에 가깝다.

따라서 AI 판사의 가능성은 사법 시스템의 투명화와 책임성 확보, 특히 판결문 전면 공개와 구조적 정비 없이 불가능하다. 기술의 문제라기보다 오히려 사람들의 감추고자 하는 욕망이 가장 큰 장애일 수 있다.

기술이 사법의 윤리를 대체할 수 있는가

사법은 단지 '무엇이 옳은가'를 따지는 영역이 아니다. 절차적 정의, 감정의 배려, 공동체의 안정, 권력의 견제라는 복합적 요소가 작용한다. 인간 판사는 그 복합성을 자신의 직관과 경험, 상식으로 풀어낸다. 반면 AI는 기계적 일관성을 추구하며, 경우에 따라 인간에게 잔혹하거나 부당한 판단을 내릴 수 있다. '정의의 기계화'는 '무감정한 폭력'이 될 수 있다는 점에서 경계가 필요하다.

그러나 우리가 바라는 정의란, 최소한 자의적이지 않고 특정 권력에 굴복하지 않는 시스템이다. 인간 사법이 그것을 지키지 못한다면, AI는 그것을 부분적으로라도 회복하는 수단이 될 수 있다. 기술은 윤리를 대체할 수는 없지만, 윤리가 실종된 공간에서는 기술이 마지막 기대일 수 있다.

사람보다 나은 정의를 위해

AI가 인간 판사를 완전히 대체할 수는 없다. 그러나 기술의 도움을 받는 사법 시스템, 즉 'AI 보조 판결 시스템'은 충분히 가능하다. 일관성, 투명성, 편향의 최소화라는 측면에서는 기존 사법 시스템보다 낫다고 평가받을 수도 있다. 오히려 인간의 오만과 왜곡을 견제하는 장치로서의 AI는 법조계의 몰염치에 대한 윤리적 브레이크 역할을 할 수 있다.

 정치권력에 흔들리고, 사회적 유불리에 따라 잣대를 바꾸는 사법부. 거기에서 우리가 배운 것은 법은 인간의 도덕적 수준을 넘을 수 없다는 사실이다. 그러나 이제는 묻자. 그 도덕이 무너졌을 때, 기계는 그 자리를 대신할 수 있을까? 어쩌면, 그것이 지금 우리가 진지하게 검토해야 할 유일한 질문일지도 모른다.

7장

사회 도처의 몰염치

정치권의
몰염치

　법조계의 수치심 상실을 돌아보면서 우리는 깨달을 수밖에 없었다. 문제는 결코 법조계에만 국한되지 않는다는 것을. 몰염치는 이미 사회 곳곳에 퍼져 있었다. 정치인은 책임을 외면하고, 기업은 탐욕을 숨기지 않으며, 언론은 진실을 외면하고, 지식인은 권력 앞에 침묵했다. 그리고 우리 일상 속에서도 몰염치는 너무도 자연스럽게 자리 잡았다.

　수치심은 한때 우리 사회를 지탱하는 숨은 힘이었다. 부끄러움을 아는 사람들은 스스로를 돌아보았고, 그 부끄러움이 사회를 조금이라도 더 나은 방향으로 이끌었다. 그러나 이제는 부끄러움을 느끼지 않는 것이 오히려 생존전략처럼 여겨진다. 수치심은 경쟁에서 밀리는 약점으로 취급되기 시작했다.

이번 장에서는 법조계를 넘어 정치권, 공무원 사회, 기업, 언론, 지식인, 그리고 우리 일상에 이르기까지 수치심이 사라진 흔적들을 하나하나 살펴본다. 우리가 보고자 하는 것은 단순한 비난이 아니다. 어디서부터 잘못되었는지, 무엇을 잃었는지, 그리고 다시 무엇을 회복해야 하는지를 묻고자 한다. 몰염치가 일상이 된 사회에서, 우리는 부끄러움을 잊지 않는 사람으로 남을 수 있을까? 이 질문이야말로, 오늘날 우리 모두가 품어야 할 가장 절박한 질문이다.

정치는 사회를 이끄는 방향타다. 그러나 오늘날 정치권은 오히려 사회를 부패시키고 있다. 수치심을 잃은 정치권은 권력을 사유화하고, 책임을 회피하며, 거짓말을 일삼는다. 정치적 몰염치는 사회 전체의 도덕적 기준을 무너뜨리는 강력한 오염원이 된다. 한때 정치는 '공적 봉사'로 여겨졌지만, 이제 정치는 사리사욕을 채우기 위한 수단처럼 보인다. 공약은 쉽게 파기되고, 약속은 지켜지지 않는다. 선거 때는 고개를 숙이지만, 당선 후에는 국민을 잊는다. 이 과정에서 부끄러움을 느끼기는커녕, 오히려 당당하다. 몰염치는 이렇게 정상화되고 있다.

거짓을 진실로 밀어붙이는 확신
- 정치적 단정의 위험성

정치인의 발언은 단순한 의견 표명을 넘어, 공적 판단에 영향을 미칠 수 있는 강력한 메시지다. 그러나 오늘날 정치권에서는 이러한 발언이 점점 더 무책임해지고 있다. 법적 판단이 내려지지 않은 사안에 대해서도 "무죄다", "조작이다"라는 표현이 거리낌 없이 사용되며, 대중은 그 정치인의 언어에 현실 인식을 맡긴다.

이러한 무책임한 단정은 '사실의 해체'를 낳고, 국민의 법 감정을 혼란스럽게 한다. 수치심이란, 내가 말하는 것이 얼마나 많은 사람에게 영향을 미치는지를 아는 감각이다. 이 감각이 제거되면 말은 무기가 되고 폭력이 된다.

사법부를 적으로 규정한 정당
- 비판과 혐오의 경계 붕괴

정당이 사법 판단에 비판적인 입장을 가질 수는 있다. 그러나 그것은 논리와 근거에 기반한 공적 반론이어야 한다. 오늘날 일부 정치세력의 반응은 그런 범주를 넘어서고 있다. '내란 세력', '사법 쿠데타', '30일 뒤에 보자'는 발언은 이성적 판단이 아니라 정치적 복수의 예고에 가깝다.

정당이 헌법기관을 향해 선동과 위협의 언어를 사용하는 순간, 그것은 민주적 정당이 아니라 조직화된 정치 팬덤이 된다. 이때 가장 먼저 사라지는 것이 바로 '수치심'이다. 비난을 두려워하지 않고, 틀렸다는 지적에 귀를 닫는다. 수치심이 사라진 정치에서 남는 것은 권력을 쥐기 위한 정파적 집착뿐이다.

여야를 막론한 '공감 능력의 마비'

이러한 태도는 특정 정당만의 문제가 아니다. 다른 정당 역시 수많은 실책과 무리한 인사를 반복하면서도, 반성과 사과보다는 언론 탓, 야당 탓으로 일관해 왔다. 대통령이 수 차례 말실수로 외교적 파장을 일으켜도 "의도가 아니다", "왜곡이다"라는 말로 끝난다. 거짓이 들통나도 수치심은커녕 공격성이 먼저 나온다.

유권자를 완전히 무시하기도 한다. 대표적인 사례가 2023년 강서구청장 보궐선거다. 이 선거는 전임 구청장의 비위로 인해 치러진 것이었지만, 국민의힘은 해당 인물을 다시 공천하며 선거에 내세웠다. 공직자의 중대한 잘못으로 인해 국민 세금이 낭비되는 보궐선거가 열렸음에도, 같은 인물을 다시 후보로 내세우는 행위는 정치적 책임을 회피하는 모습이었다.

이는 "우리가 공천하면, 결국 유권자는 찍는다"라는 오만한 태도를 보여주는 동시에, 정치가 더 이상 시민의 도덕 감각에 기대지 않는 구조가 되었음을 상징적으로 드러낸다. 결국 여야 모두, 자신들이 유권자에게 존중받을 만한 윤리적 품격을 갖추고 있는가에 대한 감각이 둔해졌고, 그 감각을 되찾아야 한다는 경각심은 거의 보이지 않는다.

수치심이 사라진 정치
- 무엇이 문제인가

수치심이란 사회적 기준을 내면화한 감정이다. 한 사회가 정치인의 몰염치를 받아들이기 시작할 때, 그 사회는 점점 윤리적 기준을 상실해 간다. 정치는 곧 국민의 자화상이 된다. 뻔뻔함이 승리하는 정치 문화에서 부끄러움을 느끼는 사람은 '패자'로 전락한다. 결국 수치심이 사라진 정치는 자기 정당성과 진실을 증명하려는 노력 자체를 포기한 정치다. 그렇게 정치인의 언어는 책임이 아니라 선동이 되고, 공동체를 위한 정치가 아닌 진영의 도구가 된다.

지금 우리 사회에 필요한 것은 거창한 개혁이 아니다. 부끄러움을 아는 정치인 한 사람 한 사람이다. 그들이 법률 이전에 스스로에게 부끄러워할 줄 안다면, 많은 문제는 자연스럽게 해결될 것이다. 우리는 정치를 통해 법과 제도를 세우지만, 진정한 민주주의는 법률의 조문 속이 아니라, 사람들의 마음속 수치심 속에 존재한다.

몰염치를 부끄러워하는 사회, 그것이야말로 우리가 지향해야 할 민주주의의 본질이다.

선관위는 가족회사다
– 공무원 사회의 채용 비리

"인사가 만사다." 공자가 제자인 중궁에게 남긴 가르침처럼, 인사는 조직의 성패를 좌우하는 핵심이다. 좋은 인재를 적재적소에 배치할 수 있다면, 많은 일은 저절로 순리대로 돌아간다. 그러나 최근 공적 기관인 중앙선거관리위원회에서 터진 채용 비리 사건은 국민들에게 깊은 절망을 안겨주었다.

2025년 3월 27일, 감사원은 '선관위 채용 등 인력 관리 실태' 감사 결과를 공개했다. 이날은 마침 헌법재판소가 선관위에 대한 감사원 직무감찰 여부를 결정하는 날이기도 했다. 판결을 예견한 감사원이 일부러 기습적으로 보고서를 발표한 것이었다. 보고서에 따르면, 지난 10년간 중앙선관위와 전국 선관위가 진행한 291건의 경력직 채용 전부에서 662건의 비리나 규정 위반이 적발됐다.

이는 단순한 실수가 아니라, 구조적인 부패를 드러내는 심각한 사태였다.

　문제의 핵심은 최고위직 인사들의 자녀 특혜였다. 전 사무총장과 전 사무차장 등 선관위 1, 2인자의 자녀들이 경력직 채용 과정에서 각종 특혜를 누렸다. 결원이 없음에도 불구하고 특별히 경력직 채용 인원을 배정하고, 서류 심사 기준을 변경하거나, 면접관을 내부 인맥으로만 구성하는 식으로 채용 과정 전반이 왜곡되었다. 특히, 한 면접관은 채용 대상자의 아버지 결혼식 때 축의금을 접수한 인물이었던 것으로 드러났다. 이런 상황에서 공정한 심사를 기대하는 것은 애초에 불가능했다. 또한 전 사무차장은 실무자에게 노골적으로 "내 딸을 추천하면 안 되겠냐"고 청탁했다. 이렇게 특혜로 채용된 자녀들은 선관위 내부에서 '세자'로 불리며 특별 대우를 받았다고 한다.

　특혜 채용은 최고위층 자녀에게만 국한되지 않았다. 지방 선관위 과장급 자녀들까지도 특혜를 받았다. 감사원 감사 결과, 최소 10명이 부당하게 채용된 것으로 확인됐다. 심지어 면접 점수표를 연필로 작성하게 한 뒤, 나중에 조작하는 사례도 있었다. 내부 고발이 있었지만 오히려 고발을 묵살하고 허위자료를 제출하거나 관련 서류를 폐기하는 등 은폐 시도까지 벌어졌다. 선관위 내부에서는 "선관위는 가족회사다"라는 자조적인 말이 돌았다고 한다. 공적 기관이 사기업처럼 운영된다는 사실은 충격적이었다.

선관위는 헌법상 독립기관이다. 헌법재판소도 선관위가 감사원의 직무감찰 대상은 아니라고 판결했다. 그러나 헌재 역시 "이번 결정이 부패 행위의 성역을 인정하는 것은 아니다"라고 강조했다. 독립성이 곧 책임 면제가 아니라는 뜻이다. 스스로 자정 능력을 잃은 독립기관은 국민의 신뢰를 받을 수 없다. 지금 선관위가 해야 할 일은 헌법적 지위를 방패로 삼는 것이 아니라, 스스로 개혁에 나서 국민의 신뢰를 회복하는 것이다.

문제는 선관위만이 아니다. 지방자치단체와 각급 공공기관에서도 채용 비리가 끊이지 않고 있다. A광역시에서는 면접관들이 특정 지원자에게 최고점을 몰아주기 위해 다른 지원자 점수를 의도적으로 낮추었다. B도청에서는 채용 공고 마감 직전, 특정인의 경력을 유리하게 바꾸는 방식으로 기준이 변경됐다. C시청에서는 특정 학원과 결탁해 시험문제를 사전에 유출한 사실이 밝혀지기도 했다. 이처럼 공정해야 할 공무원 채용 과정이 권력과 연줄에 의해 왜곡되는 사례가 적지 않다. 채용의 공정성은 국가의 기초다.

2023년 말 기준, 대한민국의 공무원 정원은 117만 명을 넘었다. 이처럼 거대한 공무원 조직이 사회 전체에 미치는 영향은 막대하다. 공무원 사회가 부패하면 민간기업에까지 잘못된 관행이 퍼지고, 청년 세대는 절망하고, 사회 전체의 공정성 인식이 무너진다.

특히 채용 과정만큼은 깨끗해야 한다. 채용 비리를 눈감는 사회는 스스로 기반을 허물어뜨리는 것이다.

'인사가 만사다'라는 말은 단지 옛 격언이 아니다. 그 말 속에는 공정한 채용, 책임 있는 인사, 그리고 부끄러움을 아는 사회라는 가치가 담겨 있다. 선관위 사태는 단지 한 기관의 문제가 아니다. 우리 사회 전체가 돌아봐야 할, 깊은 수치의 거울이다.

언론과 지식인의
몰염치

 인론은 사회의 눈이다. 지식인은 사회의 양심이다. 그러나 오늘날 언론과 지식인은 스스로 그 역할을 버렸다. 수치심을 잃은 언론과 지식인은 권력과 이익에 눈이 멀어, 사회적 책임을 저버리고 있다.

 언론은 진실을 보도해야 할 책무를 지니고 있다. 그러나 오늘날 많은 언론은 진실보다 이익을 택한다. 조회수와 광고수익을 위해 선정적 제목을 뽑고, 사실 확인 없이 자극적인 기사만 쏟아낸다. 특히 특정 권력과 결탁해 여론을 조작하거나, 대기업 광고주 눈치를 보며 비판을 자제하거나, 오보를 낸 뒤에도 제대로 사과하지 않는 일들이 반복되고 있다.

 언론은 스스로를 "민주주의의 수호자"라 자처하지만, 정작 그들의 행태는 사회를 병들게 하는 또 다른 권력이 되었다. '기레기'라는 비하 표현은 결코 우연히 생긴 것이 아니다. 그것은 오랜 시간 누적된 몰염치에 대한 사회적 심판이다.

지식인은 본래 권력에 맞서 진실을 말하는 사람들이다. 그러나 오늘날 지식인들은 스스로 권력의 시녀가 되기를 선택하고 있다. 학문적 권위를 빌려 특정 정치 진영을 대변하거나, 권력과의 유착을 통해 출세를 도모하거나, 비판 대신 침묵과 자기검열을 선택하는 모습이 지식인 사회에 만연해 있다. 과거 지식인은 '진실 앞에 겸손한 자'였지만, 오늘날 많은 지식인은 '권력 앞에 머리 숙이는 자'로 변했다. 그 결과, 지식인은 더 이상 사회의 양심이 아니라, 특정 이익집단의 변명 기계가 되어가고 있다.

왜 언론과 지식인의 몰염치가 치명적인가

지식인과 언론인은 공적 담론의 수준을 결정짓는 존재들이다. 그들이 몰염치하면 사회 전체가 조롱과 냉소 속으로 빠져든다. 대표적인 사례 중 하나는 정치적 입장을 공공연히 드러내며, 사실 검증 없이 특정 세력을 일방적으로 옹호한 언론인들과 방송인들의 행태다. 이들은 시사 프로그램을 진행하면서 뉴스보다 선동에 가까운 발언을 일삼았고, 반대 진영을 조롱하거나 왜곡하는 것을 예능처럼 소비하게 만들었다. 일부는 허위 주장을 반복하다 뒤늦게 정정보도나 사과를 하기도 했지만, 이미 무너진 공적 신뢰는 회복되기 어렵다. 국민에게 올바른 정보를 제공해야 할 책임을 가진 이들이 오히려 여론을 왜곡하고, 정치 선전의 도구가 된 것이다. 이 또한 수치심 없는 언론 환경이 만든 결과다.

거짓을 진실처럼 포장하고, 정의를 권력에 따라 왜곡하고, 부끄러움을 모르는 것을 '능력'처럼 미화하는 세상. 이런 세상이 만들어지는 것은 언론과 지식인이 몰염치를 외면했기 때문이다. 언론과 지식인은 사회 전체의 '도덕적 기준'을 설정하는 사람들이다. 그들이 무너질 때, 사회 전체의 수치심 기준도 함께 무너진다. 몰염치는 그냥 퍼지는 것이 아니다. 권력의 침묵과 지식인의 배신과 언론의 변절이 있을 때, 몰염치는 사회의 주류 문화로 자리 잡는다.

언론과 지식인이 스스로를 부끄러워하지 않는다면, 사회 전체는 진실을 잃고 공동체는 신뢰를 잃게 된다. 수치심은 부끄러운 것이 아니다. 수치심을 느낄 줄 아는 언론, 수치심을 느낄 줄 아는 지식인만이 사회에 희망을 되살릴 수 있다. 진실을 왜곡하지 않는 것, 권력 앞에 고개 숙이지 않는 것, 거짓 앞에서 침묵하지 않는 것. 이 기본을 지키는 것이야말로 오늘날 언론과 지식인이 회복해야 할 첫 번째 책무다.

주식시장의 몰염치
– 유상증자

주식시장은 돈과 욕망이 첨예하게 부딪히는 공간이다. 그런 만큼 주가조작, 내부자 거래, 시세 조종 등 각종 불법 행위가 끊이지 않는다. 그리고 불법은 아니지만 투자자들을 멍들게 하는 관행들도 있다. 그 가운데 하나가 바로 유상증자다. 유상증자란 기업이 필요한 자금을 마련하기 위해 새 주식을 발행해 파는 것을 말한다. 가끔 유상증자가 호재 역할을 하여 주가를 올려주는 경우도 있긴 있지만, 대부분은 악재로 작용하여 주가를 떨어뜨린다.

이수페타시스 사례

2024년 11월 8일, 이수페타시스의 주가는 종가 기준 31,750원을 기록하고 있었다. 그러나 장 마감 후 시외 거래에서 주가는 급락하기 시작했다. 투자자들은 직감했다. "유상증자 공시가 떴구나." 예상은 적중했다. 이수페타시스는 본업인 PCB(반도체 인쇄회로기판) 사업과 무관한 2차전지 소재기업 제이오를 인수하기 위해 대규모 유상증자를 추진한다고 발표했다. 이는 명백한 악재였다. 다음 날 주가는 22.68% 폭락했다. 그 후 금융감독원의 제동과 주주 반발로 계획은 여러 차례 번복되고 축소되었지만, 이미 시장의 신뢰는 깊게 흔들린 뒤였다. 특히, 오너 일가가 배정받은 신주인수권을 전량 매도하며 책임을 회피하는 모습은 투자자들의 분노를 더욱 부채질했다.

한화에어로스페이스 사례

한화에어로스페이스의 유상증자는 규모 면에서도, 논란 면에서도 주목을 받았다. 2025년 3월, 한화에어로스페이스는 방산, 조선·해양, 에너지 분야에 11조 원을 투자해 2035년까지 연매출 70조 원, 영업이익 10조 원을 달성하겠다는 목표를 발표했다. 이를 위한 재원 마련으로 3조6천억 원 규모의 유상증자를 추진한다고 발표했다. 이는 유상증자 사상 역대 최대 규모였다. 아니나 다를까. 공시가 나오자 주가는 급락했다. 한화에어로스페이스뿐 아니라 한화시스템, 한화오션 등 한화그룹 관련주 전체가 폭락했다.

한화에어로스페이스 유상증자는 단순한 자금 조달을 넘어, 경영권 승계를 위한 자금 마련이 아니냐는 의혹까지 불러일으켰다. 유상증자 직전, 김승연 회장의 세 아들이 지분 100%를 보유한 한화에너지가 한화오션 지분을 1조3천억 원에 인수한 사실이 알려지면서, 주주와 시민단체는 강하게 반발했다. 게다가 사외이사들은 유상증자 결정 과정에 대해 침묵했고, 금융감독원은 정보 공개 부족을 이유로 증권신고서 정정을 요구하며 절차에 제동을 걸었다. 결국 한화에어로스페이스는 유상증자 규모를 3조6천억 원에서 2조3천억 원으로 축소하고, 나머지 1조3천억 원은 제3자 배정 방식으로 전환했다. 그러나 시장의 신뢰는 완전히 회복되지 않았다.

유상증자, 반복되는 몰염치

유상증자는 이수페타시스나 한화에어로스페이스만의 문제가 아니다. 삼성SDI는 2025년 3월, 전고체 배터리 투자 명목으로 2조 원 규모 유상증자를 발표했지만, 소액주주 부담 논란에 휘말렸다. 부광약품은 1천억 원 유상증자를 추진하며, 모회사 지주사 요건 충족을 위한 것 아니냐는 의혹을 받았다. 차바이오텍은 반복된 증권신고서 정정 끝에 유상증자 규모를 축소해야 했다. 금양은 금융감독원의 정정 요구와 주주 반발로 4,500억 원 유상증자를 철회하기도 했다. 2024년 한 해 동안만 1,062건의 유상증자가 이루어졌고, 자금 유입 규모는 26조6,790억 원에 달했다. 이 가운데 진정으로 기업의 미래를 위한 유증은 얼마나 될까?

많은 유상증자 과정에서 드러난 공통된 문제는 오너 일가의 배불리기 의혹이다. 주주 돈으로 빚을 갚고, 경영권 승계를 위한 자금을 조달하며, 주가 하락 책임은 소액주주에게 떠넘긴다. 금융기관 대출이나 회사채 발행처럼 이자 부담이 따르는 정상적 자금조달 대신 주주의 희생을 전제로 한 손쉬운 방법을 선택하는 것이다.

주식시장은 원래 위험을 감수하는 곳이다. 그러나 최소한의 신뢰는 지켜져야 한다. 유상증자가 기업의 미래를 위한 정당한 선택이 되기 위해서는 사전 정보 공개, 철저한 책임 이행, 오너 일가의 이익과 명확한 절연이 필수다. 수치심 없는 유상증자는 결국 투자자 신뢰를 무너뜨리고, 주식시장 자체를 좀먹는다. 몰염치는 비단 정치권과 공공기관에만 있는 것이 아니다. 주식시장이라는 이익의 전장에서, 몰염치는 때로 더 교묘하고 더 잔혹하다.

일상 속의
몰염치

몰염치는 정치권이나 언론, 기업에만 존재하는 것이 아니다. 우리 주변, 우리의 일상 속에서도 몰염치는 번지고 있다. 사회의 모범이 돼야 할 사람들의 몰염치한 처신이 만연된 탓인지, 이제 수치심을 느끼지 않는 행동은 특별한 일이 아니라 아주 흔한 일이 되어버렸다. "그 사람들도 그러는데 내가 뭐라고" 하는 생각이 수치심을 마비시킨 결과다.

작은 약속을 지키지 않는 것, 공공장소에서 타인을 배려하지 않는 것, 규칙을 편의대로 어기는 것, 이 모든 사소한 일들이 모여 몰염치의 문화를 만든다. 불법 주차를 하고도 떳떳하고, 음식물 쓰레기를 아무 데나 버리고도 당당하다. 엘리베이터 앞에서 새치기하고도 미안해하지 않는다. 공공장소에서 큰 소리로 떠들거나,

휴대폰을 스피커폰으로 사용하면서도 남을 불편하게 만든다는 생각조차 하지 않는다.

일상의 몰염치는 이처럼 자잘하고 소소한 행동 속에 스며들어 있다. 버스나 지하철에서 노약자석을 차지하고도 양보하지 않는 사람, 주차장에서 두 칸을 차지하며 주차하고도 아무렇지 않은 사람, 줄을 서야 하는 곳에서 새치기를 일삼는 사람, 공공화장실을 엉망으로 사용하고도 뒷사람을 배려하지 않는 사람.

이렇게 몰염치가 만연하다 보니 이런 경우까지 있었다. 부산의 한 카페 겸 와인바에서 남녀가 3시간 넘게 마네킹으로 파마 연습을 하다 직원이 말리자 떠난 일이 있었다. 그들은 6인 테이블을 독차지하고 카페 테이블에 머리만 있는 마네킹, 분무기, 각종 미용 재료 등을 놓은 채 파마 연습을 했다고 한다. 카페에서 벌어진 몰염치 가운데 가히 압권이라 할 수 있다. 이런 사소한 무례들이 쌓이고 쌓여, 사회 전체에 몰염치의 문화를 퍼뜨린다.

인터넷 공간에서는 몰염치가 더욱 적나라하게 드러난다. 익명성을 방패 삼아 혐오 발언과 막말이 난무하고, 남의 불행을 조롱하거나, 무책임하게 허위 정보를 퍼뜨리는 일이 일상처럼 벌어진다. 심지어 멀쩡한 연예인이 죽었다는 가짜 뉴스도 심심치 않게 올라온다. 이런 황당한 뉴스도 거듭되다 보면 우리는 무뎌진다.

인터넷 공간에서는 개인들뿐만 아니라 기업들도 몰염치한 행동을 서슴지 않는다. 신문기사를 읽다가 광고에 가로채여 쇼핑몰 사이트로 납치당해 본 사람이 한둘이 아닐 것이다. 자기 사이트로만 데려갈 수만 있다면 이까짓 수치심쯤이야 하는 쇼핑몰, X 버튼을 눌러도 사라지지 않는 광고들, 실수로 잘못 누르기만을 바라는 광고들 모두 기업들이 벌이는 몰염치한 행동들이다. 소비자들의 관심을 끌고 클릭만 유도할 수 있다면 이 정도 몰염치는 그들에게는 아무것도 아니다.

사람들은 온라인에서 한없이 잔인해지지만, 그것에 대해 부끄러움을 느끼지 않는다. 특히 '악플' 문화는 일상의 몰염치가 얼마나 깊숙이 뿌리내렸는지를 보여준다. 익명 뒤에 숨어 타인을 공격하고, 무책임한 말을 퍼뜨리면서도 죄책감을 느끼지 않는 모습은 우리 사회의 수치심이 얼마나 희박해졌는지를 여실히 드러낸다.

심지어 일상 속에서는 '나만 아니면 된다'라는 인식이 자연스럽게 자리 잡았다. 쓰레기를 버려도, 법을 살짝 어겨도, 남이 다 하니까 괜찮다고 생각한다. 부끄러움을 느끼는 대신 눈치만 본다. 걸리지만 않으면 문제없고, 들키지만 않으면 죄가 아니다. 그 결과, 사회 전체가 몰염치에 무감각해지고 있다. 불편했던 광경도 반복해서 보다 보면 무뎌진다. "어차피 다들 그러니까" 하는 체념이 수치심을 삼키고 만다.

몰염치가 일상화된 사회는 결국 신뢰를 잃는다. 사람들은 서로를 믿지 못하고, 규칙은 지키는 사람이 손해 보는 것으로 여겨진다. 공동체 의식은 약화되고, 각자도생만 남는다. 사회는 겉으로는 유지되지만, 안으로부터 서서히 무너져간다. 일상의 몰염치는 또한 다음 세대에까지 영향을 미친다. 어른들의 몰염치를 보고 자란 아이들은 규칙을 지키기보다는 편법을 찾는 법을 배우고, 양심을 따르기보다는 눈치와 요령을 우선시하게 된다. 이것은 단순한 개인의 문제가 아니라, 사회 전체의 도덕적 기반을 갉아먹는 심각한 위기다. 수치심은 작은 곳에서 살아난다. 타인을 배려하는 사소한 행동, 규칙을 지키려는 조심스러움, 잘못했을 때 얼굴이 붉어지는 부끄러움. 이런 감정들이 살아 있어야, 사회는 건강하게 유지될 수 있다.

아이들에게는 말이 아닌 행동이 교육이 된다. 어른들이 차례를 지키고, 남을 배려하며, 실수했을 때 부끄러워하는 모습을 보여줄 때, 아이들도 자연스럽게 수치심의 의미를 체득한다. 그러나 지금처럼 어른들이 규칙을 무시하고도 오히려 당당한 모습을 보인다면, 아이들은 도덕을 무능으로 받아들이게 된다. 사회의 미래를 걱정한다면, 우리가 일상 속에서 어떤 태도로 살아가는지를 먼저 돌아보아야 한다.

거대한 개혁은 쉽지 않다. 하지만 작은 수치심은 오늘 이 순간에도 가능하다. 나 하나의 부끄러움이 몰염치의 사슬을 끊는 첫걸음이 될 수 있다. 몰염치는 거대한 구조의 문제이기도 하지만, 동시에 우리 각자의 마음속 문제이기도 하다. 지금 우리가 해야 할 일은 거창한 구호를 외치는 것이 아니다. 단 한 번의 작은 부끄러움을 기억하는 것이다. 길거리에서 무단횡단을 하지 않는 것, 남의 불편을 조금이라도 줄이려는 것, 거짓된 정보를 퍼뜨리지 않는 것. 이런 작은 행동 하나하나가 쌓일 때, 우리는 몰염치로부터 사회를 지킬 수 있을 것이다.

부끄러움을 아는 사회, 그것이 진정으로 건강한 사회다.

플랫폼 권력과 감정의 착취
– 디지털 공간의 몰염치

인터넷은 자유와 창의의 상징으로 출발했지만, 오늘날의 디지털 플랫폼은 통제와 착취의 공간이 되었다. 유튜브, 배달앱, 소셜 미디어는 단순한 기술을 넘어서 사회적 구조를 재편하는 권력이 되었고, 그 권력은 수치심 없는 방식으로 작동한다.

'상생'이라는 가면 뒤의 배달앱 권력

배달의민족, 요기요 등 국내 주요 배달앱들은 자영업자들에게 필수적 플랫폼이 되었다. 하지만 필수라는 말은 곧 '피할 수 없다'라는 뜻이기도 하다. 기본 수수료 외에도 '노출 보장'을 위한 광고비, 리뷰 조작을 위한 암묵적 유도, 할인 비용의 가맹점 부담 등 수익 구조는 자영업자의 피로 지탱된다.

배달의민족은 한때 수수료 개편을 명분으로 광고비 중심의 과금 체계를 도입했는데, 그 실상은 소상공인들의 부담 증가였다. 항의가 빗발치자 "기술과 시장 논리의 결과"라며 물러섰지만, 그 과정에서 책임지는 모습이나 '부끄러움'은 찾아볼 수 없었다. 갑의 지위를 누리면서도 을의 언어로 말하는, 이것이 플랫폼 몰염치의 전형이다.

알고리즘의 편파성과 감정의 상업화

플랫폼의 핵심은 알고리즘이다. 그러나 이 알고리즘은 공정하지 않다. 자극적이고 선동적인 콘텐츠, 극단적 감정을 불러일으키는 영상이 상위에 노출되며, 차분하고 성찰적인 콘텐츠는 묻힌다. 유튜브는 "우리는 플랫폼일 뿐 콘텐츠에 개입하지 않는다"라고 말하지만, 실상은 수익을 최우선하는 '유도자'다.

한 유튜버가 타인의 죽음을 희화화하거나, 특정인을 집요하게 조롱하는 콘텐츠로 수억 원의 수익을 올릴 수 있는 구조는 윤리보다 트래픽이 우선이라는 사실을 증명한다. 사람의 고통과 분노, 혐오를 가공해 팔고 있다는 점에서 플랫폼은 감정의 착취자가 되었다.

이용자들의 수치심 상실과 도덕적 피로

이런 콘텐츠가 성행할 수 있는 데는 이용자의 책임도 있다. 단지 구경만 한다고, 클릭만 했을 뿐이라고 말하지만, 수많은 '관객'이 있어야 '쇼'는 계속된다. 댓글로 동조하고, 공유하며 웃는 순간, 우리는 함께 수치심 없는 구조에 가담하게 된다.

문제는 반복되는 자극과 정보 과잉이 윤리적 피로를 낳는다는 점이다. 처음엔 분노하다가도, 시간이 지나면 무덤덤해진다. 남의 고통에 무감각해지고, 수치심 없이 소비하는 감정의 소비자가 되어간다.

책임지지 않는 권력
– 규제 바깥의 지배자들

플랫폼 기업들은 "우리는 콘텐츠를 만들지 않는다", "공간만 제공한다"라고 말한다. 그러나 사용자 수와 시장 지배력, 실질적 영향력을 고려할 때, 그들은 더 이상 단순한 중개자가 아니다. 자율규제라는 이름으로 도덕을 방기하고, 수치심 없는 기업 윤리가 일상화된 상황이다.

공적 영역에서 이 정도 영향력을 가진 다른 존재가 있다면, 우리는 그에게 책임과 윤리를 요구할 것이다. 그러나 플랫폼 기업은 여전히 규제 밖에 있고, 사회적 비판을 '혁신에 대한 저항'으로 치부한다. 수치심도, 감시도 없는 구조 안에서 그들은 점점 더 거대해지고 있다.

디지털 플랫폼에서 감정은 '표현'의 수단이 아니라 '상품'이 되었다. 유튜브, 인스타그램, 틱톡 등 일상의 플랫폼들은 사용자의 감정을 실시간으로 분석하고, 그 데이터를 통해 더욱 자극적인 콘텐츠를 추천한다. 감정은 이 과정에서 플랫폼의 성장 엔진이자, 광고 수익을 끌어들이는 자산으로 취급된다.

특히 짧은 형식의 영상 콘텐츠에서는 분노, 불안, 슬픔, 흥분 등 고강도 감정이 가장 큰 확률로 확산되며, 이러한 감정들은 인간의 피로를 고려하지 않고 끝없이 유통된다. 그 결과 우리는 누군가의 분노, 누군가의 불행, 누군가의 갈등을 소비하는 데 점점 더 무감각해지고, 때로는 공감 피로에 빠져버린다.

더 나아가 플랫폼은 특정 감정을 키우는 방향으로 알고리즘을 조율하기도 한다. 정치적 양극화, 혐오 발언, 피해자 경쟁, 극단적 선택의 고백 등 자극적이고 경계선 위를 걷는 콘텐츠일수록 더 많은 조회수를 유도하고, 더 높은 참여율을 끌어내기 때문이다. 이처럼 감정은 사용자가 주체적으로 표현하는 것이 아니라, 플랫폼에 의해 자극되고 조작되는 대상으로 바뀌어 가고 있다.

이 과정에서 사용자는 단지 피해자가 아니다. 나도 모르게 누군가의 감정을 소비하고, 감정 노동을 강요하는 쪽에 서게 된다. 슬픔을 '조회수로 환산되는 이야기'로 보고, 분노를 '댓글로 응징할 수 있는 대상'으로 받아들이는 순간, 우리는 타인의 고통을 재현 가능한 콘텐츠로 소비하는 쪽에 편입된다.

디지털 공간의 몰염치는 바로 이러한 구조에서 비롯된다. 타인의 감정을 도구화하고, 때로는 자신의 감정까지 과장하거나 연기해 가며 플랫폼 안에서 살아남아야 하는 현실. 우리는 점점 더 진실한 감정이 무엇인지조차 판단하기 어려운 시대를 살고 있다. 이처럼 감정이 무기화 되고, 상업화 되고, 피로화 되는 상황에서 '수치심'이 설 자리는 더욱 좁아진다. 왜냐하면 감정이 진정성보다는 '반응'을 얻기 위한 수단이 될 때, 수치심은 불편한 잔여 감정일 뿐이기 때문이다.

이런 상황은 단지 개인의 수치심 상실에 그치지 않는다. 공적 감정의 왜곡과 공동체의 감각 마비를 낳는다. 사회적 분노는 플랫폼에 의해 가공되어 '쾌락적 분노'로 변형되고, 진정한 연대의 가능성은 댓글과 좋아요 속에서 휘발된다. 고통에 대한 관심은 짧아지고, 관심은 곧 피로로 대체된다. 그 결과, 진짜 고통은 목소리를 잃고 허구적 감정만이 데이터로 살아남는다. 감정의 시장화는 사회적 기억의 파편화를 부르고, 결국 우리는 무엇에 분노해야 하는지도 잊게 된다.

이처럼 디지털 플랫폼은 감정의 착취를 통해 단기적 반응은 끌어낼 수 있지만, 장기적으로는 감정의 신뢰를 훼손하고 공동체적 감각을 붕괴시킨다. 감정은 원래 사회적 연대를 형성하는 핵심 자원이다. 그러나 상업화된 감정은 더 이상 연결이 아니라 분열을 낳는다. 감정을 상품처럼 유통하는 구조에서 '수치심'은 설 자리가 없다. 수치심은 인간이 자기 감정을 되돌아볼 때 비로소 작동하는 감정이기 때문이다. 디지털 몰염치가 확산된 시대, 우리가 지켜야 할 것은 정보보다 감정의 진실성이다.

젠더 갈등과 피해자 되기 경쟁
– 수치심의 전복

젠더 갈등은 단지 성별의 차이를 둘러싼 논쟁이 아니라, 사회적 인정과 도덕적 우위를 둘러싼 '위신 전쟁'이 되었다. 누구도 부끄러움을 느끼지 않고, 오히려 '피해자'가 됨으로써 도덕적 정당성을 선점하려는 경쟁이 벌어진다. 이 경쟁 속에서 수치심은 사라지고, 남는 것은 상호 비난과 진영 논리뿐이다.

혐오의 확산과 당당한 몰염치

일베와 메갈, 워마드, 그리고 각종 남초·여초 커뮤니티는 단순한 의견 교환의 공간을 넘어섰다. 그곳에서는 노골적인 혐오 표현이 '저항'이라는 이름으로 면죄부를 받고, 타인을 향한 조롱과 왜곡이 일상화된다. "우리도 그렇게 당해 왔다"는 논리 아래, 부끄러움을 느껴야 할 행위조차 '정당한 반격'으로 재포장된다.

실제로 여성 연예인의 외모나 사생활을 조롱하는 남성 커뮤니티의 게시글은 그대로 복제되어 남성 정치인의 가족을 모욕하는 여성 커뮤니티의 대응으로 이어진다. 이러한 맞불 혐오는 진영 내에선 '의로운 행동'으로 소비되며, 누구도 책임지지 않는다. 비열함은 정치화되고, 수치심은 사라진다.

도덕적 우위 경쟁과 피해자 되기 전략

현대 사회에서 피해자는 단순한 약자가 아니다. 피해자의 지위는 곧 도덕적 발언권이며, 공적 자본으로 환산된다. 이로 인해 남성과 여성 모두 '피해자 되기'에 몰두한다. SNS나 뉴스 댓글창에서는 늘 누가 더 억울한지, 누가 더 많이 참았는지를 둘러싸고 설전이 벌어진다.

예컨대 '여성은 밤길이 두렵다'는 고발이 나오면, 그 아래엔 '남성은 군대에서 죽는다'는 댓글이 붙는다. 여성은 성폭력 피해를, 남성은 역차별과 병역 의무를 이야기하며 '진짜 피해자'의 자리를 선점하려는 경쟁이 벌어진다. 이 싸움은 결국 윤리적 책임을 나누는 것이 아니라, 도덕적 우위를 점하기 위한 감정전이 된다.

이 와중에 가장 소외되는 것은 실질적 피해자다. 극단적인 사례만 조명되며, 그 외의 복잡하고 애매한 현실은 무시된다. 사회는 피해의 '진실'보다는 피해의 '서사'를 소비한다. 수치심은 줄고, 전략만 남는다.

온라인에서의 감정적 진영화

젠더 갈등은 언론이 아닌 댓글창에서, 신문이 아닌 커뮤니티에서 발생하고 확산된다. 이 과정에서 감정은 빠르게 증폭되며, 언어는 파편화된다. 인터넷상에서는 정제된 논의보다 즉각적인 반응과 분노의 수위가 담론을 지배한다. 유튜브의 젠더 관련 콘텐츠들은 대체로 타인을 비난하거나 조롱하는 구조로 되어 있다.

젠더 문제를 다루는 유튜버들은 남녀 갈등을 과장하며 이슈화하고, 조회수를 통해 수익을 얻는다. 심지어 이들 중 다수는 실제 성별이 누구인지, 젠더에 어떤 입장을 갖고 있는지조차 명확하지 않다. 젠더 갈등은 콘텐츠가 되었고, 감정은 상품이 되었다. 누군가의 분노와 억울함은 더 이상 사회적 성찰이 아니라, 클릭수를 위한 연료가 되었다.

이러한 구조는 결국 '나는 잘못이 없다'는 진영화된 선언만 남긴다. 설득은 사라지고, 자기 확신과 피해자 정체성만 강화된다. 상대가 더 나쁘다는 주장 속에서 수치심은 묻힌다.

정치는 갈등을 관리하지 않고 소비한다

젠더 갈등이 가장 뚜렷하게 정치화되는 시점은 선거철이다. 정치는 이 문제를 봉합하기보다 선별적으로 활용한다. 남성 표를 얻기 위해 여성 정책을 비난하고, 여성 지지를 얻기 위해 군복무 문제를 침묵한다. 여성가족부 존폐 논쟁, 병역보상 이슈, 이대남·이대녀 프레임 등은 그 대표적인 사례다.

2022년 대선에서 한 주요 후보는 '여성가족부 폐지'라는 슬로건으로 젊은 남성층의 지지를 얻었다. 반면 다른 진영에서는 여성의 안전과 권리를 내세우며 맞불을 놓았다. 정책의 실효성은 부차적이었고, 누가 더 억울한지를 대변하느냐가 핵심이 되었다.

이처럼 정치가 감정을 자극해 표를 얻고 나면, 정책은 사라지고 갈등만 남는다. 정치는 수치심 없는 언어로 혐오를 조직화하고, 사회의 도덕적 해이를 부추긴다. 피해자 되기 경쟁은 정치에 의해 정당화되고, 그 결과 사회 전체가 피로해진다.

신의 이름으로 저지르는 몰염치
– 종교계의 타락

　종교는 인간의 내면을 성찰하고 도덕을 가르치는 최후의 보루로 여겨져 왔다. 그러나 오늘날 한국 사회에서 종교는 더 이상 윤리의 상징이 아니다. 대형 교회의 세습, 사찰의 회계 비리, 사제들의 성범죄 은폐는 종교가 도덕의 이름으로 행하는 몰염치의 전시장이 되고 있음을 보여준다.

세습과 사유화
– 교회가 '가문'이 되다

　한국 개신교 대형 교회 다수는 목사직을 세습하고 있다. 사랑의 교회, 명성교회 등 수만 명의 신도를 거느린 교회들이 교단 헌법을 무시하고 아들에게 목회권을 넘긴 사건은 이미 반복된 전통이 되었다. 이 과정에서 반발하는 신도들은 쫓겨나고, 회계 자료는 비공개 처리된다.

그들은 '하나님의 뜻'이라 주장하지만, 사실상 교회는 개인 소유의 기업처럼 운영된다. 정권과 가까워진 일부 목사들은 정치 설교를 통해 교인들의 표심을 유도하며, 세속 권력에 스스럼없이 접근한다. 종교적 수치심은 이미 권력욕 앞에 무력하다.

이처럼 교회가 가문처럼 운영되고 세속 권력과 결탁하는 양상이 심화되는 가운데, 최근 가장 상징적인 사례는 전광훈 목사다. 그는 "하나님이 문재인을 끌어내리라 하셨다"라는 발언으로 전국적 주목을 받았으며, 그 발언은 단순한 종교적 표현이 아니라 노골적인 정치 선동이었다. 그는 교회를 정치투쟁의 거점으로 삼아 집회를 조직하고, 설교라는 이름 아래 사실상 정치 연설을 이어갔다. 이 과정에서 종교는 더 이상 초월적 가치나 내면적 성찰의 공간이 아니라, 특정 정치세력의 정당성을 부여하는 수단으로 전락했다.

그의 언행은 목회자라기보다는 '종교 면허를 가진 정치 선동가'에 더 가까웠다. 전광훈 목사는 '예수한국 복음통일'을 주장하면서도, 그 메시지를 철저히 보수 정치 이데올로기와 결합시켜 버렸다. 신앙의 이름으로 상대 진영을 저주하고, 신의 권위를 자신의 정치적 구호에 동원하며, 신도들에게 분노와 증오를 전파하는 그의 방식은 종교 지도자라기보다는 군중 선동가에 가깝다.

그는 목사로서는 도저히 해서는 안 되는 신성모독적 발언도 서슴지 않았다. 대표적인 것이 "하나님 까불면 나한테 죽어" 발언. 이 발언은 가장 큰 논란을 일으킨 것 중 하나로, 기독교인들 사이에서도 신성모독이라는 거센 비판을 받았다. 일부 지지자들조차도 이 발언에 대해 "사탄의 음성"이라고 비판하며 회개를 촉구하기도 했다. 이뿐 아니라 "대한민국 망한다", "세월호 사고는 좌파들이 좋아한다", "문재인 대통령은 간첩이다", "이명박 안 찍는 사람은 내가 생명책에서 지워버리겠다" 등 극단적이고 과격한 발언들도 거듭해 왔다.

전광훈 목사의 일부 행위는 단순한 윤리적 문제를 넘어 법적인 문제로도 비화되어, 처벌을 받거나 재판이 진행 중이다. 실제로 내란 선동 혐의로 구속되고, 코로나19 시기 방역 수칙 위반으로 인해 법적 처벌을 받기도 했다. 결론적으로 전광훈 목사의 행동은 종교적, 사회적, 그리고 법적인 여러 측면에서 비판과 논란의 대상이 되고 있으며, "목사가 저래도 되느냐"라는 지탄을 받고 있다.

전광훈 현상은 종교 지도자가 어떻게 신의 이름을 이용해 현실 권력을 추구하는지를 보여주는 몰염치의 결정판이기도 하다. 이 현상은 단지 한 인물의 일탈이 아니라, 종교계 내부의 도덕성과 자정 능력이 얼마나 취약해졌는지를 드러내는 징후이다. 종교의 이름이 가장 강력한 정당화 도구로 오·남용되는 이 풍경은, 결국 종교 전반에 대한 신뢰를 무너뜨리는 결과로 이어진다. 전광훈은 하나의 사건이지만, 그를 용인하고 추종하는 구조는 우리 사회 종교 윤리의 집단적 위기를 보여주는 증거다.

성직자의 범죄와 침묵의 카르텔

성직자의 성범죄는 종종 은밀히 덮이거나, '회개'라는 말로 용서받는다. 가톨릭 사제의 성폭력 고발이 있었던 2018년 '김희중 대주교 사건'은 피해자의 외침이 묵살되는 현실을 보여주었다. 불교계에서도 스님들의 음주, 성폭력, 도박 문제가 반복되지만, 대중의 관심은 일회성에 그치고 내부 제재는 유명무실하다.

더 큰 문제는 피해자에게 침묵을 강요하는 종교 내부의 문화다. "교회를 위해 참아야 한다", "사찰의 명예가 우선이다"라는 말은 공동체를 명분 삼아 도덕을 유보하게 만든다. 수치심은 피해자의 몫으로 전가되고, 가해자는 종교적 권위로 면죄받는다.

종교의 윤리, 왜 사회보다 낮은가

종교인은 '세속보다 높은 도덕'을 강조하지만, 실제로는 그렇지 않다. 종교계의 재정 투명성은 매우 낮고, 종교인 과세도 한참 늦게 시작됐다. 봉사보다 사업에 열을 올리고, 빈곤층보다는 건물 신축과 방송 채널 확보에 몰두하는 대형 교단은 자본의 논리를 신의 이름으로 정당화한다.

가장 아이러니한 것은, 이러한 행위들이 신도들로부터 도리어 보호받는다는 점이다. 수많은 신도들이 "완전한 사람은 없다"라는 말로 지도자의 비리를 두둔하고, 비판자에게는 "사탄의 소행"이라는 낙인을 찍는다. 윤리는 공동체의 울타리 안에서 희석되고, 수치심은 신앙의 이름으로 무력화된다.

침묵과 무기력
  - 부끄러움을 잃은 종교

한국 종교계는 여러 차례 내부 개혁의 기회를 맞았지만, 진정한 반성은 없었다. 오히려 비판에 맞서 '신성불가침'을 주장하거나, 세속화의 유혹이라는 변명으로 책임을 회피해 왔다. 신도들의 맹목성과 종교 지도자의 권위주의가 결합해 자기성찰 없는 공동체를 만들어낸 것이다.

종교는 인간이 스스로를 부끄러워할 수 있는 공간이어야 한다. 그러나 오늘날의 종교는 수치심을 가르치기보다 덮고, 회개를 이

끌기보다 정당화를 제공한다. 세속의 권력과 재물을 좇는 종교는 더 이상 '신의 대리인'이 아니다. 그것은 신의 이름을 빌려 스스로를 정당화하는 거울 없는 권력일 뿐이다.

8장
디지털 시대의 몰염치

유튜브 알고리즘과
조회수의 윤리

우리는 디지털 공간에서 끊임없이 말하고, 듣고, 반응한다. 그곳은 정보의 장이자 감정의 전장이며, 동시에 윤리의 경계가 무너지는 곳이기도 하다. 익명성은 책임을 가리고, 알고리즘은 자극을 보상하며, 조회수는 진실보다 분노를 선택하게 만든다. 그 결과, 수치심은 디지털 공간에서 사라진 오래된 감정처럼 여겨진다.

그러나 디지털 공간은 더 이상 가상의 세계가 아니다. 그곳에서 벌어지는 말과 행동은 현실을 흔들고, 누군가의 삶을 무너뜨린다. 몰염치는 더 이상 예외가 아니라 구조가 되었고, 부끄러움을 느끼는 사람은 점점 설 자리를 잃어간다.

이번 장에서는 유튜브의 알고리즘, 인플루언서 문화, 사이버폭력, 그리고 플랫폼 구조 자체가 어떻게 수치심을 제거하며 몰염치를 조장하는지를 살펴본다. 그리고 우리는 묻는다. 디지털 시대에도 여전히 '부끄러움'은 살아 있을 수 있는가?

사과와 수익이 공존하는 풍경
– 윤리의 해체

유튜브는 누구에게나 발언권이 주어진 시대의 상징이다. 카메라와 인터넷만 있다면 누구나 자신의 생각을 말하고, 콘텐츠를 만들고, 수백만 명에게 영향을 줄 수 있다. 이것은 표현의 자유의 확장이자 새로운 공론장의 탄생이었다. 그러나 그 자유는 곧 '조회수'라는 숫자의 지배를 받게 되었다. 조회수는 곧 수익이 되었고, 수익은 영향력으로 이어졌다. 그 결과 유튜브는 진실보다 자극을, 공익보다 분노를 선택하는 구조로 굳어졌다.

알고리즘은 클릭을 유도하지, 진실을 유도하지 않는다. 유튜브의 알고리즘은 단순하다. '사용자가 오래 머무는 영상'을 더 많이 노출시킨다. 그 기준은 진실이나 사실이 아니라, 얼마나 자극적인가, 얼마나 분노를 유발하는가에 있다. 그리하여 영상 제목은 점점 자극적으로 바뀌고, 섬네일은 점점 더 선정적으로 바뀐다. 팩트보다 음모론이, 논평보다 비방이, 해설보다 비난이 앞에 선다. 특히 정치·사회 분야에서는 이 현상이 두드러진다. "충격 단독!",

"○○ 폭로!", "이건 정말 심각하다"는 식의 제목, 확인되지 않은 정보를 '소문'이나 '제보'로 포장하는 방식, 특정 진영을 겨냥한 일방적 해석은 이제 일상이 되었다. 알고리즘은 이런 콘텐츠에 보상을 준다. 그리고 이 보상은 크리에이터에게 수익으로, 시청자에게는 자기 확신의 쾌감으로 되돌아간다.

유튜브에서 잘못된 정보가 퍼졌을 때, 그 책임은 어떻게 지는가? 정답은 '사과 영상'이다. 문제는 그 사과마저 조회수의 대상이 된다는 점이다. 어떤 유튜버는 허위 사실을 기반으로 특정인을 공격하다 논란이 되자 사과 영상을 올렸다. 그 영상에는 광고가 붙었고, 조회수는 수십만을 넘었다. '사과와 수익이 함께 존재하는 풍경', 그것이 디지털 시대의 몰염치다.

더 심각한 건 이 과정이 반복된다는 점이다. 자극적 콘텐츠 → 논란 → 사과 → 다시 복귀. 유튜버는 그 과정을 통해 콘텐츠 생태계의 순환 구조를 만들고, 플랫폼은 조회수를 얻고, 시청자는 소비할 거리를 얻는다. 이 구조 어디에도 수치심은 개입하지 않는다.

진실보다 진영이 중요해진 시대

많은 유튜버는 자신을 언론이 아니라고 말한다. 하지만 그들의 영향력은 이미 전통 언론을 뛰어넘은 지 오래다. 문제는 그들이 사실의 전달자가 아니라, 정서적 확증의 전달자가 되었다는 점이다. '내 편을 지지해주는 말'만 반복하고, '상대편을 공격하는 자료'만 부각시키는 방식은 이미 콘텐츠의 기본 설계다. 이런 구조에서 수치심은 작동할 수 없다. 윤리는 '내 편 안에서'만 통용되는 내적 도덕으로 쪼개지고, 공공성은 사라진다. 어떤 유튜버가 허위 정보를 유포한 것이 드러나자 그의 시청자들은 "그래도 우리는 그걸로 위로받았다"고 말했다. 이 한마디는 오늘날 정보 생태계의 윤리 기준이 어떻게 붕괴되고 있는지를 가장 단적으로 보여준다.

특히 위기 상황에서는 가짜 뉴스가 더 강한 자극을 만들어낸다. 코로나19 초기에 "백신이 사람을 죽인다", "정부가 확진자 수를 조작한다"는 영상이 퍼졌고, 일부 유튜브 채널은 자극적 키워드를 반복 편집해 의심을 상품화했다. 영상 당 조회수 수십만, 광고 수익 수천만 원. 그 과정에서 사람들은 백신을 기피하고, 의료진과 방역 인력을 불신했다. 그 피해는 사회 전체에 확산됐지만, 책임은 누구도 지지 않았다. 그저 채널은 '표현의 자유'를 주장했고, 플랫폼은 알고리즘은 책임이 없다고 했다. 그리고 결국 남은 것은 공포와 불신, 수치심 없는 확신이었다.

시청자는 책임이 없는가

유튜브 콘텐츠는 공급자만 만드는 것이 아니다. 우리가 클릭하고, 공유하고, 추천할 때마다 알고리즘은 강화된다. 이 말은 곧, 우리는 단순한 소비자가 아니라 생산의 동조자라는 뜻이다. 자극적인 영상에 더 오래 머물고, 허위 정보에 '좋아요'를 누르고, 악의적인 영상을 퍼뜨릴 때, 우리는 알고리즘을 통해 몰염치의 생태계를 함께 만들어간다. 그런데도 우리는 말한다. "나는 그냥 봤을 뿐인데."

조회수가 윤리를 대체할 때, 조회수는 본래 관심의 척도였다. 그러나 지금은 진실과 무관하게 콘텐츠의 가치를 판단하는 절대 기준이 되었다. 그 과정에서 정직한 콘텐츠는 묻히고, 논쟁적이고 선정적인 콘텐츠는 상단에 오른다. 유튜브가 가진 가장 큰 문제는, 이 구조에 수치심을 개입시킬 여지가 거의 없다는 점이다. 사실 확인의 압력도 약하고, 플랫폼 제재도 느리며, 시청자도 '재미'와 '확신'을 얻었기 때문에 비판보다 옹호가 먼저 나온다. 그리고 그렇게 몰염치는 '자연스러움'이라는 이름으로 고착된다.

그렇다면 유튜버들은 왜 이런 방식의 콘텐츠를 반복하는가? 그 배경에는 유튜브 알고리즘과 창작자 간의 비대칭적 관계가 있다. 조회수가 높아질수록 광고 단가가 오르고, 플랫폼의 추천 알고리즘에 더 자주 노출된다. 그 결과, 크리에이터는 '올바른 콘텐츠'보다 '반응이 좋은 콘텐츠'를 먼저 고민하게 된다. 사실 여부보다 클릭률이 중요하고, 공정성보다 분노 유발이 효과적이라는 판단은 반복적인 실험 끝에 학습된다. 이는 단순한 개인의 윤리 문제를 넘어선 플랫폼 구조의 유도된 몰염치다. 수치심이 작동할 수 없는 환경에서, 결국 살아남는 것은 뻔뻔함과 과잉 자신감뿐이다.

또한 사과 이후의 흐름은 더욱 뻔한 패턴을 따른다. 논란 후 복귀 영상에는 "잠시 반성했다", "많은 생각을 했다"는 말이 덧붙지만, 그 영상조차 소속사 혹은 제작사 수준의 연출을 통해 구성된다. 공감 자막, 눈물 섞인 목소리, 과거 영상과의 교차 편집은 사과마저 콘텐츠화시킨다. 그리고 며칠 혹은 몇 주 후, 유튜버는 "이제 일상으로 돌아가려 한다"며 평소와 다름없는 콘텐츠를 올린다. 플랫폼은 이를 다시 추천하고, 팬들은 "돌아와 줘서 고맙다"는 댓글을 남긴다. 그 가운데서 누가 무엇을 잘못했는지는 점점 흐려지고, 수치심은 무대 뒤로 사라진다.

인플루언서의
도덕 불감증

한때 '공인'이라는 단어는 높은 도덕성과 사회적 책임을 전제로 했다. 그들은 사회의 모범이자 신뢰의 상징이었고, 실수나 잘못이 드러나면 공개적인 사과와 책임 있는 태도가 요구되었다.

그러나 오늘날 디지털 환경에서 인플루언서는 사회적 영향력은 갖추었지만 책임의식은 희박한 집단으로 변화하고 있다. 그들은 수백만 구독자 앞에서 사적인 일상을 공유하고, 제품을 추천하고, 때론 사회적 메시지를 발신한다. 그러나 그 발언의 무게는 전통적인 공인들과는 전혀 다른 기준 아래 놓인다. 영향력은 실시간으로 소비되지만, 책임은 순간적으로 회피된다.

사생활의 상품화, 진실의 탈맥락화

인플루언서 콘텐츠는 대부분 개인의 일상과 정서에 기반한다. 그들은 "내가 써봤어요", "내가 직접 경험했어요"라는 방식으로 상품과 서비스를 소개하고, 친밀함을 바탕으로 신뢰를 구축한다. 그러나 이 '친밀함'은 마케팅의 도구로 너무 자주 활용된다. 광고 표기를 숨긴 뒷광고, 체험이 없는 가짜 리뷰, 계약된 제품을 '자발적 추천'인 것처럼 꾸미는 조작된 콘텐츠. 심지어 구독자의 감정을 유도하기 위해 사생활을 연출하는 경우도 적지 않다.

진짜 같은 삶이 알고 보면 편집된 시나리오였다는 사실이 드러나도 그들은 대개 "오해였다", "이해해 달라"며 빠져나간다. 자기 브랜드는 유지되고, 구독자 수는 다시 회복된다. 도덕성은 일회용, 수치심은 마케팅 전략으로 전락한 것이다.

팬덤은 책임을 희석시킨다

더 큰 문제는 열성 팬들의 존재다. 일부 인플루언서의 팬들은 그들의 잘못을 지적하는 사람을 공격하며, 오히려 "왜 그렇게 유난을 떠느냐"라고 말한다. 비판은 악의로 간주되고, 사실 제시는 '배신'으로 취급된다. 이런 구조에서는 수치심이 개입할 틈이 없다. 잘못을 인정하는 순간 팬심이 흔들릴 수 있다는 계산이 작동하고, 그래서 인플루언서는 사과 대신 유머나 회피, 반격으로 대응한다. 결국 도덕성보다 이미지, 진실보다 정서적 충성이 우선하는 풍경이 만들어진다. 그 안에서 수치심은 퇴장하고, 인플루언서 – 팬 관계는 일종의 공동체적 몰염치로 전환된다.

'쿨한 사과'와 '빠른 복귀'의 시대

한때 유명 뷰티 유튜버들이 '뒷광고'를 숨긴 채 영상을 제작한 사실이 드러났을 때, 일부는 "너무 죄송하다"며 사과 영상을 올렸지만, 다수는 짧은 공지문만 올리고 몇 주 뒤 아무 일 없다는 듯 영상을 재개했다. 놀라운 건 그 복귀 영상이 오히려 더 높은 조회수를 기록했다는 점이다. 사람들은 사과의 진정성을 따지기보다 '돌아와 줘서 반갑다'는 정서적 반응을 먼저 내놓았다. 이러한 환경에서는 사과는 위기관리의 수단일 뿐, 반성의 표현이 되지 않는다. 그리고 그 어떤 부끄러움도 오랜 시간 지속되지 않는다. 대중의 망각과 팬덤의 관용은 수치심을 무의미한 감정으로 만든다.

윤리적 기준의 파편화

인플루언서 사회에서 윤리란 고정된 규범이 아니다. 그것은 '내 채널에서는 괜찮은 것'으로 정의된다. 어떤 사람은 음담패설을 콘텐츠화하고, 어떤 사람은 타인의 사생활을 폭로하며, 어떤 사람은 정치적 혐오를 조장한다. 이들은 공통적으로 말한다.

"나는 내 스타일로 표현한 것뿐이다."

"싫으면 안 보면 된다."

그러나 그들이 '표현'이라는 이름으로 내놓는 말과 행동은 공적 파장과 사적 무책임 사이를 오간다. 영향력은 공적인데, 책임은 개인적 자유로 축소된다. 이 모순이야말로 오늘날 인플루언서의 도덕 불감증을 가장 정확히 설명하는 말이다.

도덕 불감증이란 마땅히 도덕적으로 느껴야 할 상황임에도 불구하고 무감각하거나 냉담하게 반응하는 현상을 의미한다. 이는 단순히 도덕적 판단 능력이 부족한 것을 넘어, 자신의 행동이 타인에게 미칠 수 있는 부정적인 영향에 대한 인지능력이 결여되어 있거나, 그러한 영향을 경시하는 태도를 포괄한다. 인플루언서의 도덕 불감증은 다음과 같은 특징을 보인다.

제품이나 서비스에 대한 객관적인 정보 없이 과장하거나 허위 사실을 유포하여 소비자의 합리적인 판단을 흐린다. 때로는 금지된 성분이나 효과가 없는 제품을 마치 효과가 있는 것처럼 광고하여 소비자에게 직간접적인 피해를 입히기도 한다.

자극적인 소재나 표현을 사용하여 조회수와 팔로워 수를 늘리는 데 집중하며, 사회적으로 부정적인 영향을 미칠 수 있는 콘텐츠를 여과 없이 게시한다. 이는 특히 청소년들에게 왜곡된 가치관을 심어줄 수 있다는 점에서 심각한 문제이다

자신의 영향력을 이용하여 타인에게 부당한 요구를 하거나, 특정 집단에 대한 혐오 발언을 게시하여 사회적 갈등을 조장한다. 이는 온라인 공간에서의 언어폭력 수위를 높이고, 사이버 불링과 같은 문제로 이어질 수 있다.

음주운전, 마약, 불법 촬영 등 개인적인 일탈 행위가 드러났음에도 불구하고 제대로 된 사과나 반성 없이 활동을 강행하거나, 오히려 이를 홍보 수단으로 활용하는 모습을 보이기도 한다. 이는 대중의 실망감을 넘어 사회 전체의 도덕적 기준을 약화시키는 결과를 초래한다.

인플루언서의 도덕 불감증은 개인적인 윤리 의식 부재뿐만 아니라, 다음과 같은 사회 구조적인 요인과 맞물려 발생한다. 소셜 미디어 플랫폼 내에서의 치열한 경쟁 환경 속에서 인플루언서들은 더 많은 팔로워와 높은 조회수를 확보하기 위해 자극적이고 논란이 될 만한 콘텐츠를 생산하는 경향이 있다. 단기적인 성과에 매

몰되어 콘텐츠의 사회적 영향이나 윤리적 문제에 대한 고민이 부족해지기 쉽다.

인플루언서의 활동에 대한 명확한 규제나 감시 시스템이 부재한 상황은 이들의 도덕적 해이를 부추기는 요인으로 작용한다. 플랫폼 사업자의 자율 규제에 의존하는 경우가 많아 실질적인 제재가 이루어지지 않거나 미흡한 경우가 많다. 일부 팬덤은 인플루언서의 잘못된 행동에 대해 비판적인 시각을 갖기보다는 맹목적으로 옹호하는 경향을 보인다. 이러한 팬덤 문화는 인플루언서 스스로 자신의 행동에 대한 객관적인 평가를 내리기 어렵게 만들고, 도덕적 책임감을 약화시키는 요인이 될 수 있다.

인플루언서의 주요 수입원은 광고 및 협찬 수익이다. 이러한 상업적 이익을 최우선으로 생각하는 과정에서 소비자의 이익이나 사회적 책임과 같은 윤리적 가치를 소홀히 여기는 경우가 발생할 수 있다.

사회는 왜 그들을 비판하지 못하는가

우리 사회는 인플루언서를 '비판의 대상'이 아니라 '부러움의 대상'으로 바라본다. 그들은 자유롭게 살고, 돈도 벌고, 관심도 받는 존재다. 특히 청소년과 청년층은 그들을 동경하고, 그들의 콘텐츠를 보며 삶의 방향을 꿈꾼다. 이런 문화에서는 그들의 비윤리성이 문제시되기 어렵다. 비판하는 쪽이 "꼰대", "과민반응", "도태된 기성세대"로 몰리는 구조. 그리고 이 구조는 윤리를 논하는 언어 자체를 시대착오적인 것으로 낙인찍는다. 결국 수치심을 말하는 사람은 시끄럽고 불편한 사람이 되고, 도덕을 말하는 사람은 유난스러운 감정주의자가 된다. 이것이 인플루언서의 몰염치가 지속 가능한 구조다.

영향력은 곧 책임이다. 인플루언서는 더 이상 '일개 개인'이 아니다. 그들은 공공영역에 발언하고, 사회적 여론에 영향을 미치며, 상품 소비를 유도하고, 대중의 정서를 형성한다. 그렇다면 당연히 수치심과 책임의식이 그 영향력에 비례해야 한다. 그러나 지금 우리는 거꾸로 간다. 영향력은 커지지만 책임은 작아지고, 자유는 넓어지지만 윤리는 흐려진다. 도덕은 선택 사항이 되고, 수치심은 사라진 감정이 된다. 그리고 그렇게 몰염치는 콘텐츠가 되고, 수익이 되며, 유행이 된다.

사이버 폭력,
책임 없는 가해

오프라인에서라면 쉽게 하지 못할 말이, 온라인에서는 아무렇지 않게 튀어나온다. 그것이 디지털 시대의 몰염치다. 사이버 공간은 익명성과 무책임함이 결합된 구조 속에서 감정 없는 폭력의 온상이 되어가고 있다. 이곳에서 인간은 말이 되고, 말은 무기가 되며, 타인의 고통은 하나의 콘텐츠가 된다. 그러나 정작 그 폭력의 가해자는 자신이 무엇을 했는지도 기억하지 못한다.

조롱의 문화, 파괴의 일상화

사이버 폭력은 단순한 말의 폭주를 넘어 인격의 해체를 유도하는 구조적 폭력이다. 단톡방에서 벌어지는 조리돌림, 디지털 성범죄, 악의적 사진 합성, 사생활 유출, 실명 비하…. 이 모든 것은 단지 '글'을 넘는 수준의 심리적 파괴력을 가진다.

피해자는 현실의 인간이다. 그러나 가해자에게 그 대상은 그저 '프로필 사진', '아이디', 혹은 '이야깃거리'에 불과하다. 이처럼 상대의 실존을 지우는 순간, 폭력은 쉽게 정당화된다. 사이버 공간에서의 공격은 빠르고, 반복되며, 기억되지 않는다. 그 안에서 수치심이 작동할 여지는 점점 줄어든다. 왜냐하면 그들은 "다들 하는 것처럼 했다"라고 말하고, "별 것 아닌 줄 알았다"고 해명하기 때문이다.

더 무서운 건, 이런 조롱과 배제의 문화가 유희로 소비된다는 점이다. 가해자들은 "그냥 웃자고 한 일", "다들 장난으로 한 것"이라고 말하며 폭력의 책임을 축소한다. 그러나 피해자는 그 장난의 대상이 아니라, 지속적으로 대상화된 고통의 주체다. 온라인에서의 놀이는 누군가에겐 현실의 악몽이 되고, 장난스러운 댓글 하나가 오랜 시간 반복되면 그것은 집요한 공격이 된다. 가해자들이 '놀았다'고 생각할 때, 피해자는 고립되고 붕괴된다.

공동 가해와 책임의 분산

사이버 폭력의 특징은 가해자가 집단적이고, 책임이 모호하다는 점이다. 한 사람이 올린 모욕적 게시물에 수백 명이 '좋아요'를 누르고, 댓글로 욕설을 추가하며, 친구에게 링크를 공유한다. 그 행위는 모두 폭력의 한 조각이다. 그러나 각 개인은 스스로를 가해자라고 생각하지 않는다. "나는 그냥 봤을 뿐인데", "나만 그런 게 아닌데"라는 인식은 수치심을 분산시키는 면죄부로 작용한다. 가해자는 많고, 책임지는 이는 없다. 피해자만 현실에 존재한다.

이런 현상은 학교폭력과 유사한 패턴을 보인다. 집단 속에서 가해 행동이 반복될수록 책임은 약해지고, 정당화는 강화된다. 특히 사이버 공간은 감정이 즉시 공유되고, 분위기에 휩쓸리는 속성이 강하기 때문에, '누구 하나 나서서 말리지 않으면 모두 가해자가 되는 구조'가 쉽게 형성된다. 그 과정에서 누군가는 "나만 빠지면 왕따가 될까 봐"라는 두려움으로, 또 누군가는 "이 정도는 다 하는 건데"라는 무감각으로 참여한다. 이처럼 사이버 폭력은 단순한 개인의 일탈이 아니라, 사회적 동조로 강화되는 문화 현상이다.

상상력의 실종, 수치심의 마비

사이버 폭력에 대한 법적 처벌은 여전히 미비하다. 모욕죄나 명예훼손죄로 기소되더라도 벌금이나 집행유예에 그치는 경우가 많고, 가해자의 신상이 공개되기도 어렵다. 게다가 온라인 플랫폼은 표현의 자유와 사생활 보호를 앞세우며 책임을 회피한다. 신고가 접수되어도 삭제까지 수일이 걸리고, 그 사이 피해자는 수십만 명의 시선을 견뎌야 한다.

심지어 피해자가 자신의 고통을 드러냈을 때조차, 비난은 그를 향한다. "그렇게 민감하면 인터넷을 하지 말았어야지", "연예인이면 이 정도 감수해야지"라는 식의 2차 가해성 반응은 피해자의 입을 막고, 회복의 기회를 빼앗는다. 이 과정은 피해자에게 이중의 침묵을 강요한다. 한 번은 폭력 앞에서, 또 한 번은 사회적 비난 앞에서. 이런 문화에서는 수치심이 가해자에게 돌아가지 않는다. 도리어 피해자에게 부끄러움을 강요하는 왜곡된 정서 구조가 작동한다.

법이 뒤따라갈 수 없다면, 윤리가 앞서야 한다. 그러나 오늘날 사이버 공간에서 윤리는 감정적 약자의 언어로 치부된다. "예민하네", "유난 떠네", "그럴 수도 있지"라는 말은 윤리적 문제 제기를 '감정 과잉'으로 무력화시키는 수단이다.

사이버 폭력이 끊이지 않는 이유는 간단하다. 가해자들이 자신이 한 말을 실제로 '받는 입장'에서 상상해 본 적이 없기 때문이다. "그런 말 들으면 얼마나 아플까?"라는 감정 이입, "내가 이런 말 들으면 견딜 수 있을까?"라는 자문. 이것이 바로 수치심의 출발점이다. 그러나 오늘날 온라인 환경은 이 상상력을 제거한다. 속도,

익명성, 알고리즘, 대중성은 상상보다 즉각적 반응을 우선시하게 만든다. 그리고 그 결과, '말'은 점점 '인간성 없는 도구'로 전락한다.

N번방 사건
- 몰염치의 집단화

텔레그램 기반의 'N번방 사건'은 이 모든 사이버 폭력의 집합적 전형이었다. 수많은 참여자가 성착취물을 유통하고 공유했고, 피해자는 철저히 대상화되고, 분해되고, 조롱당했다. 놀라운 건 그 방에 있던 사람들의 반응이다. "그냥 구경했을 뿐이다", "나는 실제 유포에는 참여하지 않았다". 이 말은 책임의 부정이 아니라, 수치심의 결핍이다. 누군가는 채팅을 쳤고, 누군가는 파일을 받았고, 누군가는 웃었고, 누군가는 퍼뜨렸다. 그 행위 하나하나가 인간을 해체하는 데 기여했지만, 그 누구도 부끄러워하지 않았다.

사이버 폭력은 기술의 문제가 아니라 감정의 문제다. 법과 제도는 분명히 보완되어야 하지만, 그보다 먼저 우리는 인간으로서 가장 기본적인 감각, 즉 '부끄러움'이라는 감정을 회복해야 한다. 다른 사람의 입장에서 생각해 보는 능력, 그에게 어떤 상처를 줄 수 있을지를 먼저 떠올리는 마음. 이것이 없으면 디지털 공간은 영원히 인간성 없는 전장으로 남을 것이다.

디지털 공간의 폭력은 물리적 흔적이 없다. 하지만 보이지 않는다고 해서 존재하지 않는 것은 아니다. 언어는 칼이 될 수 있고, 이미지와 댓글은 고통의 기억을 반복적으로 새긴다. 무엇보다 사이버 폭력의 가장 큰 문제는 피해자가 고통의 증거를 스스로 수집해야 한다는 점이다. 그 과정에서 수많은 피해자는 다시 한번 상처받고, 다시 한번 절망한다.

디지털 공간은
수치심을 되살릴 수 있는가

    우리는 이제 하루의 절반 이상을 온라인에서 살아간다. 일을 하고, 뉴스를 보고, 사람을 만나고, 의견을 나누는 공간은 더 이상 물리적이지 않다. 이제 디지털 공간은 하나의 '사회'이고, 그 안에서의 말과 행동은 현실을 바꾸며, 어떤 경우에는 현실보다 더 깊은 상처를 남긴다.

    그렇다면 묻게 된다. 이 새로운 공간에서도 수치심은 작동할 수 있는가? 사람은 화면 너머에서, 익명 속에서도, 누군가의 시선을 느끼고 '부끄러움'을 경험할 수 있는가? 아니면 디지털 세계는 수치심의 작동을 원천적으로 차단하는 구조인가?

감정을 제거하는 공간 구조

지금의 디지털 환경은 수치심이 기능하기 어렵도록 설계돼 있다. 속도는 성찰을 허락하지 않는다. 익명성은 책임을 흐린다. 알고리즘은 자극에 보상하고, 신중함에는 침묵한다. 플랫폼은 윤리가 아니라 체류시간을 기준으로 콘텐츠를 평가한다. 이런 구조에서는 수치심이 발휘될 기회를 갖기 어렵다. 감정을 느낄 틈도 없이 콘텐츠가 소비되고, 도덕적 판단이 내려지기도 전에 다음 영상, 다음 댓글, 다음 키워드가 등장한다.

더구나 디지털 공간은 '관찰되는 공간'이 아니라 '반응이 측정되는 공간'으로 작동한다. 사람들은 자신이 남긴 흔적이 누군가를 해칠 수도 있다는 생각보다, 그 댓글에 '좋아요'가 몇 개 달리는지를 먼저 신경 쓴다. 이런 환경에서는 감정 이입이나 윤리적 성찰보다, 빠른 반응과 영향력 확보가 우선순위가 된다. 수치심은 이렇게 설 자리를 잃는다.

인간의 감정은 기술보다 오래된 것이다

그럼에도 불구하고, 수치심은 완전히 사라진 것이 아니다. 어떤 사람은 악플을 쓰고 잠을 이루지 못한다. 어떤 유튜버는 진심으로 사과한 후 업로드를 멈춘다. 어떤 시청자는 자극적인 콘텐츠를 보다 스스로에게 실망하고 앱을 삭제한다. 이 작은 순간들은 디지털 공간에서도 양심이 살아 있음을 보여주는 예외적인 증거다. 기술은 인간의 주의를 빼앗을 수는 있어도, 감정의 깊은 층위를 완전히 제거하지는 못한다.

다만 그 감정을 불러낼 수 있는 설계와 존중할 수 있는 문화가 필요하다. 그리고 그 문화는 기술이 아니라 사람의 선택과 습관에서 비롯된다. 윤리적 콘텐츠를 생산하고 소비하는 사람들의 지속적인 실천이 없으면, 수치심은 언제든 다시 퇴장당할 수 있다.

수치심이 작동하는 플랫폼은 가능한가?

현재 대부분의 플랫폼은 유저의 '정서적 건강'보다 '플랫폼의 유지'를 우선한다. 하지만 일부에서는 윤리적 설계의 가능성이 실험되고 있다. AI 기반 댓글 필터링 시스템이 공격적 언어를 자동 차단하거나, 허위정보에 대해 팩트체크 표시가 붙고, 콘텐츠에 '악영향 점수'가 도입되는 실험들이 이어지고 있다. 더 나아가 '시청자 감정 환기 지표'를 활용해 부정적 콘텐츠에 노출된 사용자의 반응을 감지하고, 알고리즘이 자동으로 유사 콘텐츠 노출을 줄이는 방식도 일부 시도되고 있다.

물론 이런 시스템이 완벽한 해답은 아니다. 중요한 건, 이런 시도가 수치심이 작동할 수 있는 여백을 만든다는 점이다. "누군가 보고 있다"는 감각이 생기면 사람은 조금 더 조심하게 되고, "이건 과했다"는 감정을 자각할 때 부끄러움은 고개를 든다. 디지털 플랫폼은 단지 기술의 산물이 아니라, 그 플랫폼을 설계하고 운영하는 사람들의 윤리적 의지가 반영된 결과다. 따라서 인간 중심의 기술 설계는 수치심이 되살아날 수 있는 공간을 제공할 수 있다.

디지털 시민 교육, 윤리의 재구성

수치심은 단지 본능이 아니다. 그것은 사회적 학습을 통해 형성되는 감정이다. 온라인 공간에서 수치심을 회복하려면, 우리는 디지털 시민으로서의 윤리를 새로 구성해야 한다. 말의 무게를 가르치는 교육, 표현의 자유에 대한 책임을 함께 말하는 커리큘럼, 악성 콘텐츠 소비를 멈추는 시민적 실천. 이러한 실천은 소수일 수 있지만, 그것이 쌓여야 비로소 디지털 공간이 인간적인 사회로 변모할 수 있다.

디지털 시민 교육은 단순히 인터넷 예절을 가르치는 차원을 넘어서야 한다. 윤리와 공감, 감정의 자각, 그리고 감정적 회복력에 대한 교육이 함께 이루어져야 한다. '말이 누군가에게 어떤 영향을 미치는지'에 대한 상상력이 없다면, 디지털 사회는 기능은 하되 인간성은 사라진 사회가 될 수밖에 없다.

희망은 여전히, 감정 안에 있다

기술은 빨라지겠지만, 인간은 여전히 느리고 부드러운 존재다. 우리는 누군가의 슬픔을 이해할 수 있고, 상처 입힌 말에 대해 부끄러움을 느낄 수 있다. 이 감정은 우리의 가장 오래된 방어기제이며, 동시에 가장 인간적인 사회적 감각이다. 디지털 공간이 인간적이기를 바란다면, 우리는 다시 수치심으로 돌아가야 한다. 그것은 억압이 아니라, 공동체가 지속 가능하기 위한 윤리적 근육이다. 몰염치로 가득한 시대에도 부끄러움이라는 감정만은 아직 꺼지지 않았다. 그것을 지켜내는 일이 지금 우리가 해야 할 가장 작고도 중요한 저항일 것이다. 그리고 그 저항은 말 한마디를 멈추는 일에서 시작될 수 있다. 댓글을 달기 전 한 번 더 생각하고, 공유하기 전 사실 여부를 확인하며, 조롱과 분노의 콘텐츠 대신 연대와 공감의 메시지를 고르는 습관. 그렇게 작은 실천들이 모이면 디지털 공간 속에서도 수치심은 다시 사람들 사이를 오갈 수 있을 것이다.

9장
다시 수치심을 생각한다

수치심은 인간다움의 최후의 보루

 수치심은 인간다움의 마지막 보루다. 힘도, 지식도, 법도 넘어서, 우리를 인간답게 붙잡아주는 가장 본질적인 감정이 바로 수치심이다. 우리는 이제 수치심의 가치를 다시 물어야 한다. 그것은 단순히 부끄러움을 느끼는 감정 이상의 것이다. 수치심은 공동체 안에서 살아가기 위해 우리가 반드시 가져야 하는 '내면의 경계'다. 법이 감시하지 못하는 순간에도, 타인의 시선이 미치지 않는 어둠 속에서도 우리를 멈추게 하는 마지막 안전장치다.
 우리가 수치심을 잃으면, 인간다움도 함께 무너진다. 거짓말을 하고도 얼굴을 붉히지 않으며, 남을 해치고도 마음이 흔들리지 않는 사람들은 결국 자신의 인간성마저 저버리게 된다. 수치심을 느끼지 못하는 사회는 언젠가 반드시 파국을 맞는다. 눈앞의 이익에만 몰두하는 이기심, 책임을 외면하는 뻔뻔함, 힘 있는 자들의 탐욕이 체크되지 않은 상태로 방치될 때 공동체는 서서히, 그러나 확실하게 붕괴한다. 지금 이 순간, 우리는 이런 시대에 살고 있다. 수치심이 약점처럼 취급되고, 몰염치가 능력처럼 찬양받는 시대. 부끄러움을 느끼는 사람은 '센스가 부족한 사람'으로 여겨지고, 양심을 따지는 사람은 '세상을 모르는 바보' 취급당한다. 이런 세상에서 살아남으려면 부끄러움을 버려야 하는 것처럼 느껴진다. 그러나 정말 그래야만 하는가?

우리가 살아가야 할 이유는 단순히 '생존'이 아니다. 어떻게 살아가야 할지를 고민하는 것, 무엇을 부끄러워해야 할지를 아는 것. 그것이야말로 인간으로서의 품격을 지키는 길이다. 9장에서는 수치심이라는 감정이 왜 인간다움의 최후의 보루인지, 몰염치가 어떻게 우리를 무너뜨렸는지, 그리고 우리가 어떻게 다시 부끄러움을 회복할 수 있을지를 이야기하려 한다. 거창한 이념이나 이상론을 이야기하려는 것이 아니다. 작고 소박한 질문부터 시작할 것이다.

나는 지금 부끄럽지 않은가? 나는 오늘 양심을 속이지 않았는가? 이 질문들을 되살릴 때, 우리는 다시 인간다운 사회를 꿈꿀 수 있다. 우리가 원하는 것은 거창한 혁명이 아니다. 한 사람 한 사람이 부끄러움을 느낄 줄 아는 사회. 그 조용한 기적을 우리는 다시 시작할 수 있을까?

　수치심의 회복은 한 개인의 도덕을 넘어, 사회 전체의 신뢰와 품격을 되살리는 일이다. 작게는 일상에서, 크게는 제도 속에서 다시 수치심이 작동하기를 바란다. 그 바람이 이 책의 시작이었다. 우리는 다시 수치심을 회복해야 한다. 그것은 단순히 감정을 되찾는 일이 아니라, 공동체의 윤리를 되살리는 일이기도 하다. 이제, 수치심에 대해 다시 생각해 보자.

몰염치는 어떻게
우리를 무너뜨렸는가

몰염치는 단순한 비도덕적 행위가 아니다. 몰염치는 사회의 신뢰를 갉아먹고, 공동체의 기반을 서서히 허문다. 몰염치는 독처럼 스며든다. 처음에는 작은 부정으로 시작된다. 누군가 규칙을 어기고도 부끄러워하지 않을 때, 그것은 단순한 개인의 일탈이 아니라 주변 사람들에게 하나의 '신호'가 된다. "저 사람도 저렇게 하는데, 나만 손해 볼 필요 있나?" 이렇게 몰염치는 전염된다. 개인적 일탈이 구조적 붕괴로 이어진다.

몰염치의 전염

몰염치는 유행처럼 번진다. 공정하게 사는 사람은 바보 취급을 받고, 편법을 쓰는 사람이 '현명한 사람'처럼 칭송받는다. 법을 어겨도 처벌받지 않는 권력자, 뻔뻔하게 이익을 챙기는 기업, 무책임하게 거짓을 퍼뜨리는 언론. 이런 모습들을 반복해서 보게 되면, 사람들은 결국 자신도 같은 방식으로 살아야 한다고 믿게 된다.

몰염치는 신념을 침식한다. 몰염치는 가치관을 오염시킨다. 몰염치는 인간관계를 파괴한다. 결국 사회 전체가 냉소에 빠지고, 신뢰는 바닥을 치게 된다. 사람들은 타인을 믿지 않게 되고, 공동체는 구성원 간의 연대를 잃어버린다. 그 순간, 사회는 바깥에서 공격받지 않아도 내부로부터 스스로 붕괴한다.

몰염치가 일상이 된 사회는 어떤 모습일까? 규칙은 '지키는 사람이 손해 보는 것'이 되고, 법은 '빠져나가기 위한 것'이 되고, 약속은 '상황에 따라 깨도 되는 것'이 된다. 이런 사회에서는 누구도 타인을 신뢰하지 않는다. 거래는 서류와 계약서로만 이루어지고, 사람들은 늘 의심하며 살아간다. 몰염치는 공동체를 해체시킨다. 몰염치는 관계를 거래로 바꾼다. 몰염치는 인간을 도구로 만든다. 정의와 신뢰는 사라지고, 그 자리를 '눈치'와 '편법'이 채운다. 사람들은 더 이상 타인과의 관계에서 의미를 찾지 않고, 오직 계산과 이익만을 따지게 된다. 결국, 아무도 서로를 믿지 않는 사회가 된다. 그리고 그런 사회는 반드시 스스로 무너진다.

왜 몰염치는 강력한가

몰염치가 무서운 이유는 그것이 즉각적인 이익을 가져오기 때문이다. 거짓말을 하면 순간적으로 위기를 모면할 수 있다. 책임을 회피하면 당장은 편할 수 있다. 남을 속이면 이익을 얻을 수 있다. 몰염치는 빠른 보상을 준다. 그러나 몰염치는 반드시 뒤늦은 대가를 부른다. 처음에는 편해 보이지만, 결국 자신도 누군가에게 속게 되고, 사회 전체가 불신으로 물들게 된다. 몰염치는 장기적으로 반드시 자신을 파괴한다. 이 점이 몰염치의 가장 아이러니한 본질이다. 처음에는 생존 전략처럼 보이지만, 결국 그것은 자신이 발 디딜 땅을 무너뜨리는 행위다.

수치심 없는 사회의 최후

수치심이 없는 사회는 어느 순간부터 '도덕적 기준' 자체를 잃는다. 무엇이 옳고 그른지, 무엇이 부끄러운지 아닌지, 무엇이 정의인지 부정의인지 판단할 기준 자체가 사라진다. 그 결과는 파국이다. 법과 질서만으로는 공동체를 지탱할 수 없다. 사람들 마음속에 남아 있어야 할 '수치심'이 사라지면 사회는 겉은 멀쩡해 보여도 안으로부터 서서히 붕괴한다. 그 붕괴는 조용히, 그러나 확실하게 다가온다. 그것은 어느 날 갑자기 터지는 것이 아니다. 오랜 시간 축적된 무감각이 서서히 기준을 무너뜨리고, 결국 더 이상 회복할 수 없는 곳까지 이르게 만든다.

그렇다면 우리는 어디서부터 다시 시작할 수 있을까? 수치심을 되살리는 일은 거창한 윤리 교육이나 제도 개혁이 아닐지도 모른다. 그 시작은 단지 말을 아끼는 일일 수 있다. 누군가를 깎아내리는 말을 한 번 삼키는 일, 내 이익을 위해 작은 거짓말을 덜어내는 일, 불쾌한 콘텐츠에 "이건 좀 과했다"고 댓글 하나 남기는 일. 이처럼 미약한 실천이라도 '부끄러움을 아는 감정'을 복원시키는 데는 충분하다. 우리는 한 사람의 완전한 윤리인격자가 될 수는 없지만, 단 한 순간 '부끄러움을 느끼는 인간'은 될 수 있다. 그리고 그런 순간들이 쌓일 때, 우리는 다시 '인간다운 사회'라는 가능성으로 다가갈 수 있다.

몰염치는 우리를 천천히, 그러나 확실히 무너뜨린다. 부끄러움을 모르는 개인이 늘어날수록, 몰염치를 당연시하는 사회가 될수록, 우리는 결국 인간다움마저 잃게 된다. 몰염치를 방치하는 것은 단순한 무관심이 아니다. 그것은 스스로 무너지는 길을 선택하는 것이다.

우리는 다시 수치심을 회복해야 한다. 수치심이야말로 몰염치에 맞설 수 있는 유일한 힘이다. 그 감정이 살아 있는 한, 우리는 아직 인간다움을 되찾을 수 있다.

부끄러움을 회복하는
작은 방법들

몰염치가 만연한 시대에 부끄러움을 회복하는 일은 불가능해 보일 수도 있다. 그러나 희망은 있다. 우리가 잃어버린 것은 '거창한 도덕성'이 아니다. 우리가 잃어버린 것은 바로 '작고 사소한 부끄러움'이다. 그리고 그 작은 부끄러움은, 아주 작은 실천들로 다시 되살릴 수 있다.

지금부터 말하는 것들은 거창한 개혁이 아니다. 대단한 양심 고백도 아니다. 그저 우리가 삶에서 놓치고 있는, 사소하지만 소중한 감정에 대해 말하려 한다.

1. 나 자신을 바라보는 눈

부끄러움은 남의 시선에서만 오는 것이 아니다. 진짜 부끄러움은 "나 스스로를 부끄러워할 수 있는가?"에서 출발한다. 거짓말을 하려다 멈춘 적이 있었는가? 남에게 폐를 끼치고도 아무렇지 않았던 적이 있었는가? 작은 잘못을 애써 외면한 적이 있었는가? 이런 순간마다 나 자신을 돌아보고 멈추는 감정. 그것이 바로 '양심'이고, '수치심'이다. 부끄러움을 느낀다는 건, 아직 나에게 '기준'이 살아 있다는 뜻이다. 혼자 있을 때조차 나를 부끄러워할 수 있다면 그 사람은 이미 절반의 인간다움을 지키고 있는 셈이다.

2. 남의 시선을 의식하는 용기

요즘 시대는 '남 눈치 보지 말라'고 가르친다. 물론 불필요한 눈치는 버려야 한다. 그러나 부끄러움에 대한 최소한의 의식마저 버려서는 안 된다. 길거리에서 쓰레기를 버릴 때, 공공장소에서 새치기를 할 때, 온라인에서 막말을 퍼부을 때, 누군가가 나를 보고 있다고 생각해보라. 내 행동을 지켜보는 시선이 있다는 것만으로 우리는 더 나은 선택을 할 수 있다. '눈치'를 두려움의 감정이 아닌, '예의'와 '배려'의 감각으로 회복하는 일. 그것이 바로 수치심의 첫 걸음이다.

3. 작은 부끄러움을 존중하기

사소한 부끄러움을 대수롭지 않게 여기지 말자. 엘리베이터 문을 붙잡아주지 못했을 때, 식당에서 직원에게 무례하게 굴었을 때, 인터넷에 근거 없는 비난 댓글을 달았을 때. 이런 작은 부끄러움을 무시하지 않고 조금이라도 얼굴을 붉힐 수 있다면, 우리는 아직 인간다움을 잃지 않은 것이다. 부끄러움을 감추려 하지 말자. 그 감정이 우리를 사람답게 만든다. 작은 부끄러움은 결국, 더 큰 실수를 막아주는 내면의 제동장치가 된다.

4. 타인을 통해 배우기

가끔 우리는 남의 부끄러움을 통해 자신을 돌아볼 수 있다. 거짓말이 들통 나 창피해하는 사람을 보았을 때, 공공장소에서 무례를 저질러 지탄받는 사람을 보았을 때, 그들을 비웃기 전에 "나는 저 상황에서 어떻게 행동할까?"를 스스로에게 물어보자. 타인의 실수는 나의 교훈이 될 수 있다. 부끄러움은 감정이지만, 동시에 학습 가능한 감각이다. 우리는 서로의 거울 속에서 더 나은 자신을 발견할 수 있다.

5. 부끄러움을 부끄러워하지 않기

요즘은 부끄러워하는 것 자체를 '멋없다'거나 '쿨하지 못하다'고 여기는 경향이 있다. 그러나 부끄러움을 느끼는 것은 약점이 아니다. 부끄러움을 느끼는 것은 강한 것이다. 수치심을 느낄 수 있는 사람은 자신을 돌아보고 성장할 수 있는 사람이다. 부끄러움을 숨기지 말자. 부끄러움을 당당히 받아들이자. 누군가의 앞에서 얼굴이 붉어질 때, 그 감정이 나를 더 좋은 사람으로 만들 수 있다.

6. 부끄러움을 나누는 사회 만들기

부끄러움을 혼자서만 느껴야 할 감정으로 만들지 말자. 우리는 서로의 부끄러움을 덜어줄 수 있다. 실수를 지적할 때 말의 칼날보다는 따뜻한 눈길을 주자. 남이 수치심을 느끼는 순간, 조롱 대신 공감을 건네자.

부끄러움은 사회적 감정이다. 그 감정이 제 역할을 하려면 사람들 사이에 최소한의 '이해'가 있어야 한다. 비판은 필요하지만 모욕은 감정을 마비시킨다. 우리는 서로의 수치심을 지켜줄 수 있는 사회를 만들어야 한다.

　작은 부끄러움이 세상을 바꾼다. 부끄러움을 회복하는 일은 거창한 개혁이 아니다. 규칙을 어기지 않는 것, 남을 배려하는 것, 작은 잘못 앞에서 얼굴을 붉히는 것. 이런 아주 작은 행동들이 사회 전체를 조금씩 바꾸어간다. 세상이 몰염치로 가득해도, 나 하나가 부끄러움을 잊지 않는다면 그것은 결코 헛된 일이 아니다. 부끄러움은 전염된다. 누군가가 스스로를 부끄러워할 줄 아는 모습을 봤을 때, 주변 사람도 자신을 돌아보게 된다. 반대로 당당한 몰염치도 전염된다. 뻔뻔함이 용기가 되고 거짓이 실용이 되는 순간, 우리는 더 이상 '잘못'이라는 개념을 인식하지 못한다. 그러니 우리는 의도적으로라도 부끄러움을 드러내는 사회를 만들어야 한다. 실수했을 때는 사과하고, 잘못한 줄 알았다면 그것을 인정하고, 부끄러워할 줄 아는 사람이 어색하지 않은 사회. 그럴 때 비로소 '부끄러움'이라는 감정이 다시 사람과 사람 사이를 잇는 윤리의 실마리가 될 수 있다.

　부끄러움을 잃지 않는 것. 그것이 이 시대를 살아가는 가장 작은 용기이며, 가장 위대한 저항이다.

우리 모두가
'시선'이 되어야 한다

　수치심은 시선에서 비롯된다. 누군가 나를 바라보고 있다는 감각, 내 행동이 타인의 평가 대상이 된다는 인식. 그 감각이 인간을 조심스럽게 만들고, 나쁜 충동을 억제하게 만든다. 하지만 이 시대는 서로를 바라보는 시선이 점점 사라지고 있다. 사람들은 바쁜 일상에 지쳐 서로를 외면하고, 공공장소에서는 모른 체하며, 온라인에서는 얼굴 없는 존재로 변한다. 이런 사회에서는 부끄러움이 설 자리가 없다.
　왜 '시선'이 중요한가? 시선은 단순히 감시가 아니다. 시선은 인간관계를 형성하는 보이지 않는 끈이다. 내가 누군가를 보고 있다는 것, 누군가가 나를 보고 있다는 것. 이 상호 인식이 사회적 규범을 지탱하고, 개인의 양심을 각성시킨다. 시선은 외적 통제가 아니다. 시선은 '서로를 존중하는 약속'이다. 그 약속이 살아 있을 때, 사람들은 비로소 스스로를 다스린다.

과거 작은 마을 공동체에서는 "어디서 무슨 짓을 하면 금방 마을 어른 귀에 들어간다"는 말이 있었고, 그 말 자체가 일종의 도덕적 억제장치로 기능했다. 지금은 그런 시선이 해체된 시대다. 이제는 누가 무엇을 해도 "알아서 하겠지"라고 말하며 뒤돌아선다.

시선이 사라지면, 사람들은 책임을 느끼지 않는다. 길거리에서 쓰레기를 버려도, 주차장에서 양심 없이 차를 세워도, 직장에서 부당한 일을 저질러도, 누구도 지켜보지 않는다면 스스로 멈추지 않는다. '나 하나쯤이야'라는 생각, '남들도 다 그러니까'라는 합리화는 바로 시선이 사라진 곳에서 자라난다. 몰염치는 바로 이 빈 공간에서 번성한다. 심지어 누군가가 공공의 질서를 무너뜨리거나 타인을 해치고 모욕해도, 사람들은 스마트폰을 꺼내 촬영할 뿐이다. 그 순간, 우리는 시선이 아니라 구경꾼이 된다.

우리는 모두 사회의 일원이다. 우리는 모두 서로에게 시선이 되어야 한다. 직접 나서서 비난하라는 것이 아니다. 도덕적 잣대를 들이대라는 것도 아니다. 그저 서로를 조용히 바라보는 것, 상대방이 부끄러움을 잊지 않게 만드는 것, 그것만으로도 충분하다. 우리 한 사람 한 사람이 시선이 될 때, 비로소 사회 전체가 다시 깨어날 수 있다.

우리는 어떻게 시선이 될 수 있을까?

- **무관심을 거부하기:** 타인의 몰염치를 봤을 때 외면하지 않는 것. 침묵이 가장 큰 동조가 될 수 있음을 기억하자.
- **모범이 되기:** 내가 먼저 규칙을 지키고, 내가 먼저 배려하는 모습을 보이는 것. 보여주는 것만으로도 강력한 메시지가 된다.
- **작은 용기 내기:** 부당한 일 앞에서 조용히라도 문제 제기하는 것. 잘못된 행동을 묵인하지 않는 것.
- **서로를 존중하는 분위기 만들기:** 비판이 아니라 존중하는 시선으로, 서로가 서로를 감싸고 지키는 공동체를 만들자.

시선이 부끄러움을 만든다. 부끄러움은 저절로 생기지 않는다. 누군가의 시선이 있을 때, 우리는 비로소 스스로를 돌아본다.

"이렇게 해도 괜찮을까?"

"이 행동이 부끄럽지는 않은가?"

이 질문이 마음속에 떠오를 때, 사회는 비로소 건강해진다.

시선이란 거창한 것이 아니다. 그저 인간다운 눈길 하나로도 충분하다. 지하철에서 노인을 외면하지 않는 시선, 줄을 설 때 새치기를 제지하는 시선, 댓글을 달기 전 한번 멈추게 하는 시선. 이런 작고 조용한 눈길이 사회 전체의 윤리를 세운다.

우리는 시선을 너무 오래 잊고 있었다. '남에게 폐 끼치지 말라'는 말을 들으며 자랐지만, 정작 서로를 존중하는 눈길은 배우지 못했다. 그래서 우리는 시선을 불편해하고, 때로는 간섭처럼 여긴다. 그러나 진정한 시선은 감시가 아니다. 그것은 공존을 위한 책임감의 표현이다. 조용히 바라보는 것만으로도 우리는 서로에게 "당신은 혼자가 아니다"라는 메시지를 보낼 수 있다. 그 메시지는 부끄러움이라는 감정의 배경이 되고, 그 감정은 사람을 다시 사람답게 만든다. 시선을 회복하는 일은 수치심을 회복하는 첫걸음이다. 그리고 그것은 언제나 가능하다. 우리가 다시 서로를 보기 시작한다면.

우리가 서로에게 무관심할 때, 몰염치는 기회를 잡는다. 우리가 서로에게 조용한 시선이 될 때, 수치심은 다시 살아난다. 모두가 서로를 바라보는 사회, 부끄러움을 잊지 않는 사회, 그것이 우리가 다시 만들어야 할 세상이다.

다시
수치심을 말하다

지금의 디지털 환경은 수치심이 기능하기 어렵도록 설계돼 있다. 속도는 성찰을 허락하지 않고, 익명성은 책임을 흐리며, 알고리즘은 자극에 보상하고, 신중함에는 침묵한다. 플랫폼은 윤리가 아닌 체류시간과 반응 수치를 기준으로 콘텐츠를 평가한다. 이러한 구조는 인간이 가진 최소한의 감정 자각, 즉 "내가 한 말이 타인에게 어떤 영향을 줄까?"라는 질문을 지우게 만든다. 수치심은 타인의 고통을 상상할 수 있을 때 작동하는 감정이다. 그러나 그 상상력을 기술적으로 차단한 공간에서, 수치심은 기능하지 못한다.

문제는 이 구조가 사람을 점점 둔감하게 만든다는 점이다. 처음에는 가벼운 혐오 발언도 어색하고 낯설게 느껴지지만, 반복되는 자극 속에서 사람들은 그것에 익숙해지고, 마침내는 그런 말과 행동을 하는 자신을 더 이상 낯설게 여기지 않는다. 감정은 약하지만 훈련되며, 디지털 공간은 그 훈련의 장이 되고 있다.

감정은 플랫폼보다 오래 살아남는다

그럼에도 불구하고, 수치심은 완전히 사라진 감정이 아니다. 어떤 사람은 댓글을 달고 나서 불편함을 느끼고, 어떤 사람은 악성 콘텐츠를 피하며, 또 어떤 사람은 스스로 자제하며 관계를 망치지 않으려 애쓴다.

이 작은 순간들이야말로 인간 안에 수치심이 여전히 살아 있음을 보여주는 단서들이다. 기술은 빠르지만 감정은 느리다. 디지털 공간이 아무리 익명성과 속도로 작동하더라도, 사람은 여전히 눈을 마주칠 때 당황하고, 침묵 앞에서 긴장하며, 실망을 두려워한다.

우리는 기계처럼 반복적으로 정보를 소비하지만, 그 정보에 담긴 얼굴과 목소리, 표정의 흔적은 여전히 우리를 흔든다. 감정은 코드보다 오래 살아남으며, 바로 이 감정의 미세한 떨림이 사회를 윤리적으로 지탱해온 진짜 힘이다.

어떻게 수치심을 회복할 수 있을까?

수치심은 가르쳐야 한다. 그리고 수치심은 가르칠 수 있다. 우리는 아이들에게 "창피해하지 마"라고 가르치면서, 정작 "언제 창피함을 느껴야 하는가"에 대해서는 가르치지 않는다. 수치심은 억압이 아니라 구별의 감정이다. 내가 어떤 행동을 했을 때, 스스로를 돌아보는 힘이다. 그것은 '나를 위한 감정'이기도 하면서, 동시에 '타인을 위한 배려'이기도 하다.

디지털 시민 교육은 이제 단순한 사용법을 넘어서야 한다. '인터넷을 어떻게 안전하게 사용할 것인가?'에서 '내가 온라인에서 어떤 사람이 될 것인가?'로 전환되어야 한다. 그 핵심은 감정의 문해력, 공감의 상상력, 말의 무게를 가르치는 일이다. 그리고 그 시작은 "이 말이 누군가에게 상처를 줄 수 있을까?"라는 단 한 번의 질문이다.

다시 말하지만, 수치심은 단지 감정이 아니다. 그것은 사회의 온도이며, 공공성의 바로미터다. 수치심이 작동하지 않는 사회에서는 책임은 사라지고, 뻔뻔함은 성공의 전략이 된다. 사람은 사람을 조심하지 않게 되고, 결국 우리는 함께 사는 것을 포기하게 된다.

그러나 수치심이 작동하는 사회에서는 사람들이 서로를 신경 쓰고, 말의 끝에 조심이 묻어나며, 실수한 사람은 사과할 수 있고, 사과 받은 사람은 용서할 수 있다. 그 안에서 신뢰는 만들어지고, 공동체는 살아난다. 이런 감정의 생태계가 작동한다면, 디지털 공간 속에서도 인간성은 회복될 수 있다.

수치심은 인간다움의 마지막 보루다

몰염치가 구조가 된 시대, 수치심은 오히려 저항이 된다. 부끄러움을 느끼는 사람은 약자가 아니라 마지막 남은 인간이다. 수치심을 되살리는 일은 곧 사람 사이의 신뢰를 되살리는 일이며, 기계적 속도가 지배하는 사회에서 인간성을 보존하는 마지막 방어선이다.

우리는 기술을 바꾸는 데 집착할 것이 아니라, 그 기술을 사용하는 우리의 감정을 되돌아봐야 한다. 사람은 결국 감정의 동물이며, 그 감정이 무너졌을 때 사회는 기능을 멈춘다. 수치심은 우리를 불편하게 만들지만, 바로 그 불편함이 우리를 서로에게 조심하게 만든다. 그것이야말로 진짜 윤리이며, 디지털 시대에도 여전히 작동해야 할 인간다움의 본질이다. 그리고 그 저항은 말 한마디를 멈추는 일에서 시작될 수 있다. 댓글을 달기 전 한 번 더 생각하고, 공유하기 전 사실 여부를 확인하며, 조롱과 분노의 콘텐츠 대신 연대와 공감의 메시지를 고르는 습관들 말이다.

  그렇게 작은 실천들이 모이면, 디지털 공간 속에서도 수치심은 다시 사람들 사이를 오갈 수 있을 것이다. 그것은 기술에 대한 저항이 아니라, 인간성에 대한 회복이다. 수치심은 다시, '사람이 사람답게 사는 길'을 안내할 수 있다.

에필로그

잃어버린 부끄러움을
다시 묻는다

 부끄러움을 잃은 사회는 무엇을 부끄러워해야 할지도 잊는다. 그 결과 우리는 더는 잘못을 고백하지 않고, 사과도 하지 않으며, 감추는 데만 몰두한다. 어떤 이는 죄를 저질러도 얼굴을 들고 다니며, 어떤 이는 거짓이 들통나도 떳떳하다. 수치심은 사라지고, 그 자리에 남은 것은 뻔뻔함과 무감각이다.
 이 책은 사라진 수치심에 대한 기록이며, 동시에 그것을 되찾기 위한 시도이다. 우리는 정치인의 거짓말에 분노하면서도 곧 잊고, 법조인의 편파에 실망하면서도 다시 기대하며, 반복되는 사건에 마비되어 간다. 그러나 수치심이란 원래 타인의 기대와 나 자신의 기준 사이에서 솟아나는 감정이다. 우리가 기대하지 않으면, 아무도 부끄러워하지 않는다.

민영환이 자결한 날, 그는 흰 도포를 입고 목욕재계하며 자신의 부끄러움을 온몸으로 감당했다. 그는 "함께 숨 쉬는 것조차 수치스럽다"라는 말을 남겼고, 그 말은 시대를 가른 통곡이 되었다. 지금 우리는 그와 같은 윤리적 고뇌를 끝내 웃어넘긴다. 그토록 부끄러움을 두려워했던 시대에서 부끄러움을 모르는 시대까지의 거리는 단지 백 년이 채 되지 않는다. 문명은 발전했지만 감정의 심도는 얕아졌다. 빠른 전달과 노출은 많아졌지만, 그 속에서 반성은 사라졌다.

수치심은 훈계가 아니라 기억이다. 누군가의 죽음을 기억하고, 누군가의 침묵을 귀하게 여기며, 누군가의 자책을 헛되이 만들지 않는 것이 바로 윤리의 출발점이다. 이 책에서 다룬 수많은 장면들 - 법정의 외면, 언론의 타락, 일상의 무신경 - 모두 수치심 없는 구조가 어떻게 반복되고 제도화되는지를 보여준다.

이제는 스스로에게 되물어야 한다. '부끄러워해야 할 것을 부끄러워하지 않는 사회에서 나는 어떻게 살아야 하는가?' 이 질문은 거창한 대답을 요구하지 않는다. 그저 남들이 보지 않아도 스스로 얼굴이 붉어지는 감각을 지켜낼 수 있다면, 그것으로도 충분하다. 부끄러움을 아는 사람은, 적어도 괴물이 되지는 않는다.

부끄러움이 사라진 자리에 남는 것은 자기합리화다. 책임은 시스템 탓으로, 윤리는 현실 감각으로 치환된다. 그렇게 사람들은 더 이상 자신을 돌아보지 않는다. 타인을 부끄럽게 만들지 않기 위해서라도 우리는 스스로 부끄러움을 기억해야 한다. 부끄러움은 단지 나를 위한 감정이 아니다. 공동체 속에서 내가 아닌 누군가를 지키기 위해 필요한 감정이다. 수치심은 윤리를 움직이는 연료이며, 더 나은 사회를 향한 감정적 첫걸음이다.

수치심은 사적인 감정이지만, 공적 공간을 지키는 데 필수적이다. 지도자의 거짓말이 용서받을 수 없는 이유는, 그것이 공동체 전체의 감정 기준을 파괴하기 때문이다. 수치심은 민주주의의 보이지 않는 기둥이다. 법과 제도보다 먼저 작동하며, 규칙이 닿지 않는 영역을 스스로 통제하는 감정이다. 이 감정이 사라질 때, 법은 남지만 정의는 무너진다. 규칙은 작동하지만, 신뢰는 사라진다.

디지털 시대는 모든 것을 기록하지만, 그 누구도 책임지지 않는 시대이기도 하다. 수치심은 기록보다 강한 감정이다. '이런 말은 남기면 안 되겠지'라는 생각, '누군가에게 상처가 되지 않을까?' 하는 망설임은 부끄러움의 또 다른 이름이다. 수치심은 검열이 아니라 성찰이다. 기술이 아무리 발전해도, 수치심을 대신 기록해 줄 장치는 없다. 우리가 하지 않으면, 아무도 그것을 대신해 주지 않는다.

그렇다면 수치심은 어떻게 회복될 수 있을까. 교육의 힘이 여전히 중요하다. 그러나 그것은 교과서의 문장이 아니라, 어른들의 삶 속에서 전해져야 한다. 아이들은 말보다 표정을 먼저 배우고, 문장보다 침묵의 무게를 먼저 느낀다. "이건 하면 안 되는 일이야"라는 말보다, "내가 왜 부끄러운지 너는 아니?"라는 물음이 더 오래 남는다. 부끄러움을 되살리는 일은 윤리를 가르치는 일이 아니라 감정을 되살리는 일이다.

지금 우리가 회복해야 하는 것은 거창한 윤리 강령이 아니다. 그저 누군가의 얼굴을 바라보며 말을 고르고, 자신의 행동을 돌아보는 그 짧은 순간의 부끄러움이다. 그 감정이 살아 있는 한 사회는 쉽게 망가지지 않는다. 잃어버린 부끄러움을 다시 묻는다는 것은, 다시 사람답게 살겠다는 다짐과 다르지 않다.

사회를 지탱하는 도덕의 붕괴와 공동체의 해체
수치심 잃은 사회

초판 1쇄 인쇄 | 2025년 8월 13일
초판 1쇄 발행 | 2025년 8월 22일

지은이　　| 이철우
펴낸이　　| 전준석
펴낸곳　　| 시크릿하우스
주소　　　| 서울시 마포구 월드컵북로 400 서울경제진흥원 5층 23호
대표전화　| 02-3153-1355
팩스　　　| 02-3153-1356
이메일　　| secret@jstone.biz
블로그　　| blog.naver.com/jstone2018
페이스북　| @secrethouse2018
인스타그램 | @secrethouse_book
출판등록　| 2018년 10월 1일 제2019-000001호

ⓒ 이철우, 2025

ISBN 979-11-94522-23-2　03180

- 이 책은 저작권법에 따라 보호받는 저작물이므로 무단전재와 무단복제를 금지하며, 이 책의 전부 또는 일부를 이용하려면 반드시 저작권자와 시크릿하우스의 서면 동의를 받아야 합니다.
- 값은 뒤표지에 있습니다. 잘못된 책은 구입처에서 바꿔드립니다.